교회학교 교사를 위한
기독교교육의 기초

Basics of Christian Education

by Karen B. Tye
translated by Hye Jeong Cho

Copyright © 2000 by Karen B. Tye
Originally published in USA under the title
Basics of Christian Education
by Chalice Press
222 Rosewood Drive, Danvers, MA 01923 USA
All rights reserved.

Korean Edition
Copyright © 2009 by *Christian Publishing House*,
Seoul, Korea

본 저작물의 한국어판 저작권은 **Chalice Press**와 독점 계약한 크리스챤출판사에 있습니다. 신저작권법에 의하여 한국 내에서 보호받는 저작물이므로 무단 전재와 무단 복제를 금합니다.

Basics of Christian Education

교회학교 교사를 위한
기독교교육의 기초

카렌 B. 타이 지음
조혜정 옮김

크리스찬출판사

[차례]

감사의 글 · 5
역자서문 · 7
서론 · 9
제1장 개념: 기독교교육이란 무엇인가? · 17
제2장 목적: 교육을 왜 하는가? · 33
제3장 환경: 교육의 장소는 어디인가? · 47
제4장 내용: 무엇을 알아야 하는가? · 69
제5장 참여자: 누구를 교육해야 하나? · 95
제6장 절차와 방법: 어떻게 교육해야 하는가? · 123
제7장 사정과 평가: 어떻게 실천하는가? · 145
제8장 방해 요소들: 무엇이 방해하는가? · 159
후기 · 177
참고문헌 · 179

[감사의 글]

이 책이 완성되기까지 오랜 시간이 걸렸다. 실제로, 이 책의 기초는 처음 몇 글자들이 기록되기 훨씬 이전으로 거슬러 올라가야 한다. 이 글을 위한 씨앗들은 아주 오래 전에 나의 마음에 심겨졌고, 이를 위한 자양분은 나의 어린 시절 믿음의 공동체라고 할 수 있는 인디아나 리치몬드의 제일 기독교회(First Christian Church)에 의해서 공급되었다. 나는 교회를 향한 사랑과 열정을 간직할 수 있도록 양육시켜준 이 교회 공동체의 교사들과 구성원들에게 감사하고 싶다.

성인이 되면서 그 씨앗들은 후원과 격려를 아낌없이 제공해 주었던 여러 사람들에 의해서 자라나게 되었다. 나는 특별히 나의 친구이자 목사인 스티브 존스(Steve Jones)에게 감사한다. 그의 위로의 권면들이 없었다면, 나는 결코 가르치는 사역에 응답하지 못했을 것이다. 나는 또한 박사 과정 동안 나의 스승이었던 찰스 멜서어트(Charles Melchert) 박사, 로널드 크램(Ronald Cram), 그리고 사라 리틀(Sarah Little)에게 감사드린다. 그들은 나의 비전을 넓혀주었고, 교회 교육 목회를 위한 건설적인 사고의 중요성을 일깨워주는데 본이 되어주었다. 나는 또한 이 책의 원고를 읽고 조언을 해주신 밥 펄브라이트(Bob Fulbright), 킴 코핑(Kim Coffing), 그리고 오스트리아(Australia)에서 온 나의 좋은 친구이자 동료인 크리스틴 케이프(Christine Gapes)에게 심심한 감사의 말을 전하고 싶다. 더욱이 이 감사의 말은 나에게 이 책을 완성할 수 있도록 기꺼이 안식년을 허락해 준 에덴 신학대학원의 동료들과 관계자들에게 돌리고 싶다.

마지막으로 나의 마음에서 우러나오는 가장 깊은 감사를 받아야 하는 두 그룹이 있다. 첫 번째 그룹은 나의 남편 브렌트 다지(Brent Dodge)와 나의 자녀들 데이빗(David)과 케티 브록(Kathy Brock)이다. 나를 향한 그들의 지속적인 후원과 신뢰가 이 글을 쓰는 여정에서 만나게 되었던 어려움과 고비들을 극복할 수 있게 만들어 주었다. 그리고 마지막으로 감사하고 싶은 두 번째 그룹은 과거와 현재 나에게 수업을 받은 학생들이다. 그들은 이 책에서 제시된 아이디어들에 참여하여 주었고, 이 책이 발전되어져 가는 과정에서 곰곰이 자극이 될 만한 의견들을 제시해 주었다. 그들이 없었다면 나는 이 책을 완성하지 못했을 것이다.

[역자서문]

교회학교를 섬기는 교사라면 한번쯤은 '내가 가르치고 있는 기독교교육이 과연 올바른 방향으로 가는 것일까?' 의구심을 가져보았으리라 여겨진다. 토요일 저녁이 되면 전화심방을 하지 못한 것에 대한 교사로서 자책감이 밀려올 때, 주일 아침이 되어서야 허겁지겁 공과공부 책을 들여다볼 때, 주일 아침에 늦잠으로 인해 예배 시간이 지난 지 한참 뒤에야 나타나는 아이를 맞이할 때, 설교시간이 되면 핸드폰을 체크하기에 바쁜 아이에게 주의를 줄 때, 공과공부 시간이 되면 허공을 바라다보는 아이들을 볼 때 이런 의구심은 더욱 강해진다.

매주 마다 반복되는 답답한 교회학교의 현실 속에서 우리가 추구하는 기독교교육이 무엇이며 나아가야할 방향에 대하여 기준을 안다면 얼마나 좋을까? 필자 또한 교회학교 리더로서의 책임감과 심적인 부담을 가지고 고민을 하게 되었다. 이런 와중에 필자를 포함하여 기독교교육의 기본적 바탕이나 이해에 대한 목마름이 있는 교사들을 위해서 매우 유용한 책을 발견하였다.

Tye 교수가 저술한 기독교교육의 기초는 교회학교 교사로서 기본기를 보여주는 책이다. 우리가 갖고 있는 기독교교육에 대한 모호한 개념을 명확하게 되짚어 보는 기회를 제공하고 있으며 기독교교육의 내용, 방법과 절차, 환경, 대상, 평가와 사정에 대한 총괄적인 이해를 다루고 있다. 한마디로 요약하자면 기독교교육의 본질에 대한 문제를 알기 쉽게 설명하고 있다. 이 책을 통해 적어도 우리가 추구하는 기독교교육의 정체성과 방향을 모색하는 기회가 되리라 여겨져 기쁜 마음으로 번역하게 되었다.

책을 번역한다는 것이 매우 조심스럽고 어렵다는 것을 느낀다. 원저의 내용에 충실하여 옮기고자 노력하였으나 마치고 보니 만족스럽지 못한 점이 눈에 들어와 매우 송구하게 생각한다. 그러나 개정할 때 더욱 성실히 보완할 것을 약속 드리며 이 책을 통해서 교회교육 현장의 교사들에게 미력하나마

도움이 되길 소망한다. 이 책은 기독교교육 분야의 전문가 뿐 아니라 현장의 교사들을 위한 책으로서 교회의 교사교육을 위해서도 유용한 자료가 되리라 확신한다.

상업성이 없는 책임에도 불구하고 한국교회학교 발전을 위해 흔쾌히 번역을 허락하신 크리스챤출판사의 대표 류근상 교수와 수고하신 직원들께 깊은 감사를 드린다.

2009. 4. 14

사당동 연구실에서
역자

[서론]

전화벨 소리가 울렸다. 도움을 요청하는 한 목회자의 전화였다. 종종 이런 전화들이 걸려 올 때 벌어지는 일이지만 이런 저런 대화가 진행되는 과정 가운데, 우리는 어느덧 그의 교회의 교육 목회에 대하여 논의하고 있었다. 우리는 이 중요한 사역에 대한 서로의 관심과 이에 대한 책임을 함께 나누게 되었다.

그는 기독교교육을 시행하는 가운데서 생겼던 일과 생기지 않았던 일들에 대한 자신의 계속적인 관심을 드러냈다. 그는 기독교교육이야말로 믿음의 공동체의 삶에 있어서 핵심적인 요소라는 것을 잘 알고 있었다. 그러나 전통적인 접근법들을 사용해서는 참된 효과를 거둘 수 없는 것처럼 보였다. 주일학교 출석이 감소하게 되었고, 문제는 교회 안에 청소년들의 참여도가 계속 떨어지는 것이었다. 또한 아이들을 가르칠 수 있는 교사들과 청소년 그룹을 후원해 주는 분들을 찾는 것이 풀어야 할 계속적인 숙제로 남아 있다. 성인 교육에 대한 어떤 시도들은 적극적인 호응을 이끌어 내지 못했다. 그는 자신들이 어떻게 해야 하는지를 매우 알고 싶어 했다.

이러한 대화는 나에게 있어서 결코 새로운 것은 아니다. 나는 기독교교육을 가르치는 신학대학 교수로서 수업 시간에 이와 같은 대화를 많이 하게 된다. 그리고 나는 이러한 대화가 연구 기관에서 집행되어지고 그로 인해 1990년도 봄에 출판된 효과적인 기독교교육에 대한 핵심적인 연구 결과에 의해 주어진 자극으로 보다 널리 교회 안에서 이뤄지고 있다는 소리를 듣는다. 이 연구는 주류를 형성하는 여러 개신교 교회들의 기독교교육과 관련된 문제점들에 초점을 맞추고 있으며, 내 친구 목사가 제기한 여러 가지 동일한 이슈들과 관심들을 불러일으켰다.

---

1) Peter L. Benson and Carolyn H. Eklin, *Effective Christian Education: A National Study of Protestant Congregations-A Summary Report on Faith, Loyalty, and Congregational Life*

"효과적인 기독교교육: 개신교 회중들에 대한 포괄적인 연구"[1]라고 불리는 이 연구는 교파적 뿐 아니라 지역적인 차원 양자 모두에 속해있는 개신교 기독교교육에 종사하는 스텝들이 가지고 있는 교회 교육의 건강도에 대한 관심에서 나오게 되었다. 이러한 관심들은 여러 가지 영역들과 관련되어 있다. 그것들 가운데 두드러진 것은 (1) 성인 교육 프로그램에 속한 성인들 가운데 존재하는 무관심 (2) 중학교를 졸업한 후 교회에 흡수되지 못하는 채 이탈되는 청소년들에 대한 교회의 실패 (3) 자원하는 교사들을 발견하고 유지시키는 사역측면에서 점차로 증가되는 어려움 (4) 교육에 있어서의 목사의 뚜렷한 비젼 부족 (5) 교육과정 가운데 학부모 참여를 이끌어 내기 위한 문제점, (6) 성인, 청소년, 어린이의 변화되는 요구와 관심에 대하여 시기적절하고 적실성 있게 접근해 줄 현 프로그램과 교수방법에 대한 명백한 실책 등이다.[2]

그들의 관심의 관심을 분석하고 제시하는 것과 함께 필요한 정보를 찾아가면서, 소위말해서 "개신교의 주류"[3]라 불리는 대략 85퍼센트를 대표하는 여섯 개의 주요한 개신교 교파들이 3년 반 동안 기독교교육에 대한 연구를 광범위하게 시작하였다. 그들이 발견한 것에는 우리를 진지하게 만드는 것들이었다. 그것들은 다음과 같은 내용들을 포함하고 있다.

> 오로지 개신교 성인들의 소수들만이 회중들이 성장하기를 추구해 가는 통합적이, 강력하고, 그리고 전체 삶을 포괄하는 그러한 믿음을 입증하고 있다. 믿음으로 성장하는데 필요한 핵심요소들 가운데 일정부분들이 부족함으로 인해 대부분의 성인들에게 있어서 믿음이 제대로 발휘되지 않고 있는 실정이다.

(Minneapolis: Search Institute, 1990). 발견된 사실을 실험하고 반영한 문헌으로 참고할 만한 두 가지는 Eugene C. Roehlkepartain의 *The Teaching Church: Moving Christian Education to Center Stage* (Nashville: Abingdon Press, 1993)와 David S. Schuller (역) *Rethinking Christian Education* (St. Louis: Chalice Press, 1993)가 있다.
2) Benson and Eklin, 1.
3) 교단들로는 크리스챤 교회(the Christian Church (Disciples of Christ)), 미주 복음주의 루터교회(the Evangelical Lutheran Church in America), 장로교회(the Presbyterian Church

대다수의 청소년들은 "성장하지 못하는 믿음"으로 불리는 신앙 타입으로 분류되어진다.

열 명의 고등학생들(1~3학년) 가운데 대략 세 명 정도와 주류를 이루는 개신교 교파들 가운데 있는 성인들만이 오로지 활동적으로 기독교교육 가운데 참여하고 있다.4)

연구자들은 다음과 같이 결론을 내리고 있다.

대다수의 회중들 가운데서 행해지는 기독교교육은 개혁을 필요로 하는 지루한 작업이다. 종종 성인들과 청년들의 필요와는 거리가 멀어진 채, 기독교교육은 자발적인 참여자들을 발견하고 동기를 부여하는데 있어서 어려움을 겪고 있고, 기독교 교육의 대상자들에게 어떤 관심도 불러일으키지 못하고 있는 실정이다. 뿐만 아니라, 시간이 지나도 거의 아무런 변화도 주지 않는 교육 모델과 과정들을 제시하고 있다.5)

결정적으로 이 연구를 통하여 얻게 된 중요한 발견은 기독교교육에 사활을 걸만큼 소중하다는 것이었다. 더욱이 특히 믿음 안에서의 성장과 믿음의 공동체 안에 활동적인 일원이 되는 능력과 관련해서 본다면 기독교교육은 우리가 그동안 생각했던 것보다도 훨씬 중요한 것이다. 연구자들은 믿음 안에서의 성장과 양질의 교육 프로그램 가운데 활동적인 참여 사이의 강력한 관계를 발견하였다. 회중의 삶 가운데 있는 어떤 다른 요소보다도 기독교교육은 믿음의 성숙과 과정과 적극적인 교회 사역에 참여하는데 있어서 핵심이었다. 이 연구 보고서는 다음과 같이 결론을 맺고 있다.

요약하면, 기독교교육은 중요하다. 우리는 기독교교육이 삶의 일대기와 현재 회중의 삶이라는 모든 영역에 있어서 능력을 가지고 있다는 것을 보게 된다. 그리고 우리는 믿음의 성숙과 충성이라는 모든 영역에서 그것을 보게 된다. 그 실천적인 함의는 분명

(USA)), 연합교회(the United Church of Christ), 연합감리교회(The United Methodist Church), 그리고 서부침례교회(the Southern Baptist Convention)가 있다.
4) Benson and Eklin, 3-4.
5) Ibid., 58.

한 것이다. 만약 회중이 믿음과 충성에 있어서 영향력을 강력히 추구해 가려고 한다면, 양질의 기독교교육 안에서 모든 연령을 포함하는 것은 가장 중요한 것이다.[6]

이 보고서는 다음과 같이 계속 주장하였다. "효과적인 기독교교육은 회중들의 믿음, 헌신 그리고 충성을 깊게 하는데 있어서 어떤 다른 영향력보다도 잠재력을 가지고 있다. 그러므로 기독교교육에 대한 새로운 활력이 중심에 놓여야만 한다."[7]

개인적으로 내게 있어서, 우리들이 진지하게 이러한 이슈들과 광범위한 연구를 통한 발견들을 고려하는 것이 중요하며, 우리가 이 보고서로 인하여 야기된 관심들과 내 친구 목사에 의해서 드러나게 된 사항들에 귀 기울이는 것은 교회의 생명력과 미래 위해서 중요해 보인다. 교회의 미래를 위하여 우리는 우리들의 관심을 기독교교육에 두어야만 하고 이 중요한 사역을 중심 무대로 옮겨와야만 한다. 우리가 교회의 중대한 사역을 새롭게 하고 변형시키는 방식들을 발견하는 일은 의미가 있다.

그러나 우리는 또한 경고의 말을 귀담아 들을 필요가 있다. 리서치 기관의 연구를 통한 발견에 반응하고, 또한 "우리는 어떻게 해야 합니까?"라는 내 친구목사의 질문에 답을 제시하기를 희망한다. 이 때 최첨단의 테크닉, 과학기술, 또는 교회가 그 방식을 사용하면 성공적인 교육 목회(여기서 성공이라는 것을 보통 인원수와 관련하여 정의되어지고 측정되어지고 있다)가 이뤄질 것이라고 제안하는 잘 포장된 최신의 프로그램이 있다. 그러나 주의할 것은 이런 것을 붙잡는 임시변통의 해결책(quick fix)에 의해 현혹되지 말아야 한다.

소망이 있다면 '기독교교육에 관해 우리는 어떻게 해야 합니까?' 라는 질문에 대한 우리들의 바람은 "진부하고 미리 포장된 프로그램과 재미없는 실내장식의 맥처지(McChurch: 기독교적인 특성이 불명확한 오락욕구를 충족시켜 주거나, 소비자 중심주의 또는 상업주의의 길을 걸어가는 교회를 지칭하는 표현-

---

6) Ibid., 42.
7) Ibid., 58.

역자주)의 국가를 만드는 것이 아니다."⁸⁾ 대신에 우리의 목적은 진지하고 창조적이며 사료 깊은 성찰, 분석, 평가 그리고 계획하는 일에 참여하는 것에 있다. 이러한 과정들을 통하여 기독교교육에 대한 우리들의 이해는 새로워지고 변형되어질 것이다.

그렇다면 우리는 어디에서부터 시작해야 하는가? 내 친구목사는 그가 가지고 있는 관심을 답하기 위해서 무엇을 할 수 있는가? 공교육에 대한 우리나라 안에서 광범위하게 논의되고 있는 것들 중에 하나는 "기초들로 돌아가자"라는 슬로건으로 표현되고 있다. 비록 우리가 과거에 행했고, 그리고 그것들에 대하여 이해하는 방식을 생각하는데 위험이 도사리고 있다고 믿는 것이 현재적인 관심사들에 대한 해결책이 된다고 확신하지만, 교육에 있어서 핵심이 되고 긴요한 것에 대한 "기초들"을 조사하라는 부르심 가운데 진리가 존재하고 있다. 너무나 종종 교회 안에서 우리는 "기초들"에 대하여 이야기 하지 않고 있다. 대신에, 우리들은 우리가 무엇을 해야 하는지, 그리고 왜 우리가 그것을 해야 하는지에 대해 다 아는 척 하고 있으며, 그리고 우리들은 또한 정도를 벗어난 어떤 것들에 대한 미봉책을 찾고 있다. 나는 내가 가르치는 신학교 수업에 참여하고 있는 학생들 가운데 이 점이 역력히 드러나고 있음을 본다. 그들은 종종 기독교교육이 전반적으로 무엇인지를 다 알고 있다고 가정하고, 이제 오로지 그들이 봉사하는 교회 가운데 있는 기독교교육의 문제점들을 해결할 수 있는 어떤 새로운 방법들, 전략들, 커리큘럼 자료들, 그리고 현재 프로그램을 찾고 있는 실정이다. 그러나 그들은 결코 그것에 대한 기초들을 생각하지 않고 있다.

한 실례를 들어 보기로 하자. 나는 취미삼아 바느질 퀼트(guilter)를 하고 있다. 어린 시절 이래로 쭉 바느질을 해왔다. 그러나 나는 한 10여년 전에 퀼트에 관심을 기울이게 되었다. 처음에 나는 퀼트가 솔기를 함께 꿰매는 것만큼이나 쉬운 일이라고 생각했다. 나는 퀼트 전시장에서 전시되어 있는 퀼트작품들을 보면서 나도 그것을 만들 수 있어! 라고 생각하였다. 그러나 내가 처음으로 시도한 퀼트는 내가 전에 전시장에서 보았던 것과 전혀 같지 않았다. 그 후에 나

---

8) Roehlkepartain, 20.

는 퀼트를 가르치는 수업을 수강하게 되었고 거기서 기초들에 대하여 다시 소개 받게 되었다. 그것은 전적으로 새로운 세계였다. 나는 직물과 그것에 대한 선택에 대하여, 연 이어서 만들어 가는 방식과 구획을 제대로 꾸미는 작업에 대하여, 그리고 누벼서 만든 부분들을 조합시키는 것에 대하여 그리고 퀼트 과정 그 자체에 대하여 배우게 되었다. 이 모든 것들이 누벼서 만든 것에 대한 기초들이다. 설사 만들어진 퀼트가 서로 서로 아주 다르다고 할지라도, 우리가 알고 깨달을 필요가 있는 기초들은 동일하다고 할 수 있다.

나는 교회 안에서의 교육 목회에 있어서도 동일하다고 생각한다. 비록 독특한 상황과 사람들에 의해서 주어진 각 교회가 거기에 모인 믿음의 공동체에게 맞는 기독교교육 프로그램을 가지게 될 것이지만, 기초적인 개념들과 역동적이고 사람을 양육하는 기독교교육 목회를 세워가는 블록(block)은 동일하다. 나는 우리들이 이러한 기초들을 고려하기 위해 시간을 갖는 것이 교회의 생명력을 유지하는데 있어서 사활을 걸 소중한 지점이라고 생각한다. 우리는 기독교교육 목회가 세워질 수 있는 기초를 이루는 부분들을 조사해 볼 필요가 있다. 우리가 이러한 부분들에 대한 이해를 갖게 될 때, 이 때 우리는 독특한 믿음의 공동체의 필요와 관심에 적절한 교육 목회에 대한 계획을 세워 실천해 나갈 수 있을 것이다.

내가 가르치는 학생들과 함께 공유하는 또 하나의 실례는 의사와 환자에 대한 이야기이다. 한 환자가 보다 좋아지기 위해서 자신이 해야 할 일을 알기 위해서 의사를 찾을 때, 의사는 의약분야의 최신 경향과 기술을 소개하면서 무엇을 해야 하는지에 대하여 환자와 이야기를 나누는 것으로 시작하지 않을 것이다. 오히려 의사는 그 환자의 증세, 생활 패턴, 그리고 가족력과 같은 그 환자를 진단할 때 기초적으로 알아야 할 것들을 묻고 세심하게 검사하게 될 것이다. 이러한 진단하는 과정을 마친 후에 비로소 의사는 치료를 위한 계획과 환자 자신의 기초지식에 근거한 처방전을 제시할 것이다.

우리들이 교회 안에서 흔히 범하는 실수는 교육이 무엇이고, 왜 교육을 해야 하는지와 같은 교육목회의 기초들에 대하여 주의 깊은 관심을 기울이기 전에, 최근에 여러 교파들에서 사용하고 있는 방법론들과 커리큘럼을 선택하여 "치료의 과정을 규정하는 것"과 함께 시작하고 있는 점이다. 우리가 이러한 기초적인 작업을 마친 후에야 비로소 우리가 무엇인가를 행해야 할 필요성이 무엇인지, 우리들이 처한 독특한 교육 목회를 위한 처방을 내리기 위해 무엇이 필요한지를 알아야 할 것이다.

교육 목회를 위한 이러한 기초적인 빌딩블록(building blocks)은 무엇인가? 개인적으로 생각하기에 교회 안에 교육적 프로그램을 계획하고 수립해 가게 될 때, 적어도 주의해야 할 6가지 기초적인 영역들이 있다. 이 여섯 가지 기본이 되는 영역들은 (1) 개념 (2) 목적 (3) 환경 (4) 내용 (5) 참여자 (6) 절차와 방법이다. 이러한 기초적인 빌딩블록들 각자는 우리에게 핵심적인 질문들을 요청하고 있다. 개념을 위해 물어야 할 중요한 질문들은 기독교교육이란 무엇인가? 우리는 어떻게 그 용어를 정의할 것인가? 무엇인가를 교육한다고 일컬을 때, 그것이 의미하는 바는 무엇인가? 그것이 기독교교육이라고 말하는 것이 의미하는 바는 무엇인가이다. 목적에 관하여 생각할 때 기독교교육의 목적은 무엇인가? 왜 우리는 기독교교육을 하고 있는가? 교육을 통해서 무슨 일이 벌어지기를 희망하는가이다. 환경을 위하여 물어야 할 중요한 질문들은 기독교교육은 어디에서 이루어지는가? 어떤 종류의 그룹 형성과 환경들이 중요한 것일까이다. 내용은 우리의 관심을 교수되는 것, 연구되는 것, 그리고 학습되는 것으로 이끌어 간다. 어떤 종류의 지식들을 기독교인들은 소유할 필요가 있는가? 우리는 무엇을 가르쳐야 할 것인가? 참여자는 다음과 같은 질문들로 우리를 인도한다. 이 사역에 참여자들은 누구인가? 우리는 그들에 대하여 무엇을 알고 이해할 필요가 있는가? 그리고 마지막으로, 절차와 방법은 다음 질문들이 제기된다. 우리는 어떻게 교육을 해야 하는가? 어떻게 교육이 마쳐질 것인가? 어떤 절차와 방법들이 사용하기가 적당하고 어떻게 우리는 그것들을 선택할 것인가?

이어지는 본론에서 이러한 기초적인 빌딩블록들 각각이 토의될 것이다. 또한 우리는 우리들을 위해 질문들로 제기 되었던 이슈들과 관심사들을 주의 깊게 다루게 될 것이다. 각 장이 마무리 되는 부분에서는 질문들과 연습문제들을 제시하였다. 이것들을 제시한 목적은 독자들로 하여금 그들 각자가 처해 있는 독특한 세팅(setting)들 안에서 교회 목회 사역을 계획하고 발전시켜 나가는데 있어서 특별한 빌딩블록을 사용하도록 돕기 위해서이다. 교육 목회 사역을 위한 여섯 가지 빌딩블록에 더하여 나는 우리들의 교육 목회 사역들의 생명력을 위해 중요한 다른 두 이슈들을 살펴볼 것이다. 첫째는 사정(assessment)과 평가의 이슈이다. 우리는 우리가 무엇을 하고 있는지를 조사하고 어떻게 그것이 작용하고 있는지를 평가하는 방식들을 잘 마련할 필요가 있다. 너무나 자주 교회 안에서 우리들은 한 프로그램에 착수하여, 우리가 원했던 소기의 목적이 달성되지 않았을 경우가 생기게 되면, 실제로 무슨 일이 이뤄졌는지를 발견하려는 어떤 노력도 기울이지 않은채 그것을 버리게 된다. 이렇게 되면 교회는 많은 에너지를 낭비하게 되고, 항상 새로운 것으로 다시 시작해야 한다는 신드롬에 빠지게 되어 그 영역에 있어서 교회가 생각해 보아야 할 선한 청지기 정신을 제대로 반영하지 못하게 된다. 판단하고 평가하는 것을 배우는 것은 교육목회 사역에 있어서 절대적으로 중요한 부분이다. 둘째는 개인적으로 방해라고 부르는 이슈이다. 우리들이 교육목회 사역들을 새롭게 하고 생명력 있게 하기 위해 분명한 태도를 나타내려고 할 때, 우리 자신들 뿐만 아니라 우리 회중들 안에서 직면하게 되는 저항의 종류들을 주목해 볼 필요가 있다. 아무리 우리의 열정이 깊은 것이라고 해도, 믿음을 소유한 개인들과 공동체로서 우리 안에 여전히 존재하는 것은 변화에 저항하려는 태도가 도사리고 있다. 이것을 이해하는 것이야말로 우리의 노력을 가로막는 세력으로부터 우리들로 하여금 저항하도록 돕는다.

나는 본론의 내용들 가운데 상당부분이 당신에게 별로 새로워 보이지 않을 것임을 알고 있다. 당신은 이따금씩 당연히 그것은 내가 알고 있는 바라고 생각할 것이다. 앞에서 내가 말했던 것처럼, 이 책은 기초들에 대한 것이고, 교회의 교육목회에 대한 기초를 이루는 것에 대한 우리들의 관심들을 다시 상기시키기 위한 것이다. 나의 바람은 일선 목회자들, 기독교교육 종사자들, 신학생들, 진지한 평신도들, 그리고 이 책을 읽는 다른 사람들이 이 절대적으로 중요한 사역에 새롭게 헌신하기를 원한다. 또한 교회 자체와 세상 속에서의 교회의 사명을 위하여 기독교교육을 새롭게 하고 변화시키는데 필요한 기초들을 세워나가기를 바란다.

1장

개념: 기독교교육이란 무엇인가?

매학기의 첫 수업이면 언제나 벌어지는 일이다. 주변은 쥐 죽은 듯이 조용하고 학생들은 다소 얼떨떨한 표정으로 앉아 있다. 첫 수업시간이 되면 나는 기독교교육 필수과목을 수강하는 학생들에게 '기독교교육이란 무엇인가?' 기독교교육에 대한 정의를 적도록 한다. 시간이 조금 지나면, 몇몇 학생들은 종이를 바스락거리며 쓰기 시작하지만 대다수는 여전히 미간을 약간 찌푸린 채 있다.

나중에 대화를 통해 안 사실이지만 학생들 대부분이 그때 처음으로 기독교교육이 무엇인지를 생각해 보게 되었다고 한다. 사실상, 학생들의 대부분은 이런 질문을 처음으로 받아보게 된다. 이들은 *기독교교육*이란 용어를 종종 접하기는 했으나, 그 의미에 관해서는 한 번도 진지하게 생각 해 본 적이 없었다. 학생들은 자신들이 알고 있는 '기독교교육'을 교회의 다른 이들도 알고 있기 때문에 그들 모두의 견해가 일치할 것이라고 단순하게 믿는다.

이와 같은 현상은 내가 섬기는 교회의 교육 위원회에서도 자주 일어난다. '기독교교육이란 무엇인가?' 라는 질문에 대답하도록 요구할 때면, 보통 두 가지 중 한 가지 현상이 벌어진다. 위원회 회원들은 처음에는 당황하다가, 좀 고심한 후에 그것에 관하여 실제로 생각해 본 적이 없었다고 말한다. 아니면 주일 학교와 어린이들을 가르치는 것에 관해 언급하기 시작한다. 기독교교육에 대한 주된 초점은 어린이들과 주일학교에 맞춰져 있다. 물론 나 역시 기독교교육이 주일학교와 어린이를 포함한다는 사실에는 이견이 없으나 단지 주일학교와 어린이교육이라고 정의하는 데에는 한계가 있다고 보며 또한 교육목회를 세워나가는 기반으로써 부적절하다고 본다.

왜 기독교교육에 대한 개념이 교육목회의 토대가 되는 것일까? 기독교교육의 정의가 그토록 중요한 이유는 무엇인가? 이는 기독교교육이란 이름으로 우리가 해야 할 일을 결정짓기 때문이다. 우리가 무엇을 해야 할지, 왜 해야 하는지, 그리고 중요한 교회 사역을 어떻게 실천할 수 있을지에 대한 생각에 영향을 주며, '기독교교육이 무엇인가?' 에 대한 우리의 인식이 형성되어 질 것이다. 나의 멘토인 찰스 멜쳐트(Charles Melchert) 박사가 말 한 바와 같이,

만일 우리가 어떤 정의 또는 추구하는 목적에 대한 명확한 이해가 없다는 것은 우연히 이루어지기를 바라는 것에 지나지 않는다. 나는 성도들과 우리 하나님께서는 이러한 우연보다 우리에게 명확한 이해를 더 기대하리라 본다.[1]

멜쳐트(Melchert)처럼, 나는 교회의 교육목회가 우연히 또는 우발적으로 수행되어서는 안 된다고 믿는다. 우리는 우리가 무엇을 하고 있는지 명백히 알아야 할 필요가 있다. 너무나 중요한 사역이므로 그 의미를 심사숙고해야 하며 그래야 우리는 최선을 다해 힘을 쏟을 수 있다.

예수님의 생애와 사역을 살펴보면서, 예수님 스스로가 자신이 누구이며 무엇을 하려는지 분명히 안다는 점에서 의미심장하고 깊은 인상을 받는다. 광야에서 사탄에게 시험을 받는 이야기에서 예수는 자신의 정체성을 명확히 드러낸다. 이 이야기로 예수님이 이 땅에 오신 것은 자신의 정체성에 관해 분명히 하려는 것과 하나님의 아들이라 불리는 것, 이것이 무엇을 의미하는지 또한 무엇을 의미하지 않는지를 알 수 있다. 누가복음에 나타난 광야의 시험에 뒤이어(눅 4:1-13) 예수께서 후일 나사렛 예수로서 담대히 사역을 이름 짓는 지역, 즉 나사렛 회당을 방문하는 장면이 있는 것은 상당한 의미가 있어 보인다 (눅 4: 14-21). 이 이름에서 예수님은 스스로에게 또한 청중 앞에서 그가 좇아야 할 길에 대한 선명한 청사진을 제시한다. 그리고 복음서에서 예수님이 그의 이름과 그가 선포한 사역이 실현되었음을 증거하고 있다.

여기서 한 가지 짚고 넘어가야할 것이 있다. 우리가 개념에 대한 기본 이해를 갖는 다는 것이 "만병통치" 접근 방식으로 하나의 정의를 도출할 수 있다고 생각지는 않는다. 저명한 기독교교육학자인 토마스 그룹(Thomas Groome)이 언급한 바와 같이, 나는 교육은 너무나 복합적이어서 보편적으로 동의된 한 가지 정의가 있을 수 없다고 믿는다.[2] 대신에, 나의 목표는 교회가 기독

---

1) Charles F. Melchert, "Does the Church Really Want Religious Education?" *Religious Education* (Jan/Feb 1974):13-14.

교교육이란 무엇이며 우리가 하는 교육에 대해 어떻게 생각하는가에 관하여 허심탄회하고 진솔한 대화를 나누는 것이다. 이런 대화를 통하여 우리가 당연하다고 여기는 기독교교육 가정들을 이름 지을 수 있으며, 우리의 교회 내에서 암묵적으로 작용하는 기독교교육의 개념에 대해 논의할 수 있으며, 또한 기정사실화 되어버린 정의로 인해 좀 더 효과적인 교육목회를 수행하지 못하도록 제한하거나 방해하는 방법이 무엇인지 들여다 볼 수 있게 되는 것이다.

기독교교육 정의에 관한 방법론

기독교교육을 정의할 수 있는 방법으로는 어떠한 것들이 있는가? 어떻게 이러한 기초 요소에 틀을 형성하고 구체화시킬 수 있는가? 학생들 또는 지교회 모임에서 기독교교육 개념에 대한 이슈를 다루면서, 종종 서두를 시작할 때, 나는 그들에게 기존의 기독교교육이 무엇을 의미하는지 이야기하도록 요구해 왔다. 그리고 지난 수년 간 관련 용어와 문구의 목록들이 상당히 증가하였다. 다음은 내가 반복적으로 계속 들었던 용어들이다.

양육	회심
훈육	습관 형성
가르침	교리 주입
발달	교리
비판적 사고	사회화
신앙 전수	인격 형성
성장	도덕성 발달

---

2) Thomas Groome, *Christian Religious Education* (San Francisco: Harper & Row, 1980), 20.

신앙 보전   변화
신앙 발달   학교 교육
영성 형성   신앙 형성

이 다양한 목록처럼 보이는 모든 단어들이 기독교교육을 제시하는 것처럼 생각되지는 않는다. 그러나 나는 다소 다양한 목록으로부터 어떤 의미를 끌어낼 수 있으며 이 목록이 기독교교육의 핵심적 특성들이 돋보이는 출발점이라 생각한다.

이들 답변을 오랫동안 연구해 오면서 기독교교육 이해에 대한 네 가지의 방법들을 얻을 수 있었다.[3] 그 첫 번째는 기독교교육을 신앙교육으로 보는 것이다. *가르침, 교육, 신앙 전수, 신앙 보전, 교리 주입, 교리, 신앙 형성, 그리고 학교교육*이란 용어들이 이러한 이해를 보여준다.

기독교교육에 대한 이러한 정의는 기독교 신앙에 대한 지식과 실천을 전수하고자 하는 교회의 신중하고도 의도적인 노력을 강조한다. 신앙교육과 학교교육 환경을 동일시하지 않도록 주의해야 한다는 사라 리틀(Sara Little)의 의견에 동의함에도 불구하고,[4] 신앙교육이라는 정의는 좀 더 형식적이고 구조화된 교수과정을 강조하는 것이다. 그리고 또 이 과정을 통해 사실과 정보의 지식을 전달하고 확실한 신앙을 획득하게 한다.

기독교교육에 대한 두 번째 정의는 *사회화 과정*이라는 목록에서 나타난다. 잭 세이머(Jack Seymour)와 도날드 밀러(Donald Miller)는 이를 신앙공동체적 접근이라고 부른다.[5] 어떤 이들은 "신앙 문화화 공동체" 모형이

---

3) 기독교교육에 대한 현대적 접근(*Contemporary Approaches to Christian Education*(Nashville: Abingdon Press, 1982)) 문헌 안에 Jack L. Seymour and Donald E. Miller는 소위 말하는 교육목회에 대해 5가지 접근법을 기술하고 있다. 나는 여기서 이들의 서술이 그들의 어떤 사고를 구체화시키는 데 매우 유익하며 애쓰게 만든다는 것을 알 수 있었다.
4) Ibid., 36.
5) Ibid., 53-71.
6) John Westerhoff, *Will our Children Have Faith?*(New York: Seabury, 1983)를 보라.

라고 부른다.6) 얼마나 사회화 과정을 이해하는가에 따라 다르겠지만 양육, *사회화, 습관 형성, 문화화*, 그리고 심지어 *회심*이라는 용어도 이 정의에 해당된다.7)

기독교교육을 이러한 방식으로 정의하는 것은 사람들이 특정 그룹의 일원이 되고, 정체성을 갖으며, 신앙, 습관 그리고 행동을 습득하는 방법들을 강조하게 된다. 이는 어떻게 사람들이 자신이 누구인가를 알게 되며, 교회 안에 있는 사람들과의 상호작용을 통하여 내가 무엇을 믿는가에 주의를 불러일으키게 된다. 기독교교육에 대한 이러한 이해는 예배참여에 확고한 가치를 둔다. 즉, 찬송, 기도, 대화 그리고 성찬식-어린이와 청소년들이 기독교인이 되는 것이 무엇을 의미하는지 배우는 한 가지의 중요한 방법으로서-과 같은 다양한 의식 행위에 참여하는 것이 중요하다는 것이다. 찰스 포스터(Charles Foster)는 "우리는 우리가 기독교의 역사적 공동체(즉, 교회)에 참여하므로 기독교인 인줄 안다"라고 언급한 바 있었다.8)

목록을 반영하면서 기독교교육의 정의에 대한 세 번째 방법은 *인성 발달적 접근*이다. *성장, 신앙 발달, 영성 형성, 도덕성 발달*, 그리고 *인격 형성*과 같은 말이 여기에 해당된다.

기독교교육에 대한 이러한 이해는 발달이론을 근거로 한다. 이 이론에 의하면 다양한 수준과 단계에 포함하는 성장 구조가 있고 이 구조에 따라 모든 개체는 변모하며 교육은 이러한 성장을 돕는 과정이다. 기독교교육을 인성 발달로 정의하는 데에 있어서는 어떠한 신앙 여정의 단계든지 모든 사람들을 양육하며 한 단계에서 다른 단계로 성장하도록 돕는데는 환경이 필요하다는 '환경의 필요성'을 강조한다. 교회학교에서 연령별 공과책을 의존하는 것이 이 접근의 존재를 시사하는 하나의 예이다. 여기서 기억할만한 핵

---

7) 사회화 접근에 있어 선구자의 한사람으로 Horace Bushnell은 개종을 전 생애에 걸쳐 일어나는 과정으로 이해하였다. 어린이를 위한 그의 목표는 크리스챤으로 자라게 하는 것이며 그 외에는 어떤 것도 아님을 알게 하는 것이다. *Christian Nature*(New Haven, Conn.: Yale University Press, 1967)를 보라.
8) Seymour and Miller, 56.

심적 특징은 각자의 영적 여정을 통해 신앙을 성장시키고 성숙하도록 양육하며 돕는 것을 강조한다는 점이다. 교육은 공동체적 행위라기보다 개인적인 것으로 먼저 이해된다.

용어 목록에 나타나 있는 기독교교육에 대한 마지막 정의는 *해방의 과정*이다. *비판적 사고*와 *전환기*라는 용어가 이러한 접근에 대해 말해준다. 해방으로서의 교육은 교회, 사람 그리고 사회의 "전환기"와 관련된다. 그러한 교육은 "억압에 대한 세계 상황을 자각하면서 기독교인들을 새롭고 신실한 삶의 양식을 수립하도록 인도할 새로운 기독교인 의식의 계발"을 강조한다.[9]

이러한 식으로 보면, 교육은 예언적 행위가 된다. 그것은 비판적 사고 능력 배양을 추구하며 사회 활동에 참여토록 한다. 기독교교육의 이러한 개념은 교회 학교와 같은 전통적인 교회 환경에 머무르기보다 선교 여행이나 공동체 봉사 참여와 같은 활동을 통해 세상에 직접적으로 관여할 것을 요구한다.

나 자신의 경험에 의하면 신앙 교육, 사회화, 인성 발달, 그리고 해방화와 같은 기독교교육에 대한 이들 네 가지의 정의는 교육사역으로서 우리가 무엇을 하는지를 구체화하며, 교회 안에 존재한다. 나는 이러한 것들이 오늘날 교회 내에서 시행되고 있는 기독교교육의 유일한 개념이 아니라, 좀 더 보편적인 견해를 나타낸다고 생각한다. 또한 이것들이 전혀 "순수한 형태"로 존재하지 않는다고 생각한다. 당신은 각각의 설명을 읽고 각 설명의 어떠한 면은 당신의 상황에 들어맞는다고 생각해 왔을지도 모른다. 당신에게 익숙한 교회는 교회 학교와 형식적인 신앙 교육을 강조하는 교회일는지 모르겠다. 게다가 연령별 공과교재를 사용한다. 교회는 어린이들이 예배에 참여토록 격려하므로써 그들이 신앙 공동체 구성원이 지녀야할 적절한 반응과 행동을 알 수 있게 한다.

이러한 다양한 정의를 내리는 목적은 우리가 '옳다고' 선택하는 개념과 상호 배타적 개념들을 고안해내는 것에 있지 않다. 대신에, 이러한 다양한

---

9) Ibid., 103.

설명들이 우리의 교회 환경에서 우리 각자가 기독교교육을 어떻게 정의할 것인가에 대해 숙고하고 생각할 기회를 제공한다고 본다. 한 가지의 접근으로 기독교교육을 정의함으로써 우리 자신이 제한을 받는 것 보다는 더 생명력 있는 교육목회를 수행하기 위해 정의를 확대시킬 필요가 있는가? 이러한 기본 골격은 바로 생명력 있는 교육의 핵심이다.

기초 세우기: 정의내리기

기독교교육에 대한 이러한 각각의 의미들이 교회 안에 존재함에도 불구하고, 어느 교회든지 다른 접근에 비해 우세한 한 가지를 가지는 경향이 있다. 이러한 대부분의 경우는 주로 우리가 늘 해왔던 습관에 근거하며 기독교교육의 개념들과 같은 기본적인 개념을 자주 언급하지 않는다. 어떤 특정한 접근을 강조하게 되고 또 그것이 우리의 교육 사역을 구체화시키는데 가장 중요한 시각이 된다. 대다수의 교회들은 형식적 신앙교육이 기독교교육의 가장 중요한 의미임을 강조하며 형식적인 교회학교 프로그램과 성경공부에 총력을 쏟아 붓는다. 또 다른 교회들은 인성 발달 접근을 강조하며 소규모 그룹을 중심으로 교육 프로그램을 구축한다. 소그룹 활동으로 삶의 여정을 탐험하며 또한 하나님의 임재하심과 인도하심을 분별하는 양육 환경을 제공한다. 여전히 다른 교회들은 강력한 '해방' 접근방식을 취하며 개인이 제자의 삶을 실제적으로 배울 수 있는 수단으로서 선교와 예배에 에너지를 집중한다.

우리가 기독교교육을 좁은 의미로 운용할 때 그리고 기독교교육의 내용에 대한 다른 방식을 이해하지 못할 때에 곤경에 처하게 된다. 다니엘 알레셔어(Daniel Aleshire)가 지적하기를, "정의(definition)을 내리는 한 가지의

---

10) Daniel Aleshire, "Finding Eagles in the Turkeys' Nest: Pastoral Theology and Christian Education," *Review and Expositor* 85 (1988): 699.

목적은 외부에 있는 것으로부터 내부의 것을 명확하게 하기 위해 울타리를 치는 것이다."10) 그러나 "만약 그 울타리가 너무 작다면 외부에 너무 많은 것을 남겨두게 될 것이다" 따라서 그는 기독교교육에 대한 광의적 정의를 요구한다. 그는 "광의적 정의는 우리에게 교회에서 이루어져야 할 일들을 바꾸는 것을 요구하기 보다는 그 일들을 다른 관점으로 보기를 요청한다"고 하였다.11) 우리가 살고 있는 시대가 바뀔지라도 앞서 서술한 교육목회의 네 가지 접근이 필요한 이유는 얼마든지 있다. 따라서 나는 교회 안에서 우리의 과제는 이러한 관점들과 우리 자신이 갖는 기독교교육의 정의를 통합시키는 일이라고 본다.

알레셔어(Aleshire)는 어떻게 우리가 다양한 접근들을 보다 광의적 시각으로 통합할 수 있을지 제안하면서 한 정의를 제시하고 있다. 그는 기독교교육을 아래와 같은 과제와 표현과 관련지으며 정의한다.

> 기독교교육이란 사람들로 하여금 (1) 과거와 현재의 기독교 이야기를 배우도록 하며, (2) 그들의 신앙을 행위로 표출하기 위한 기능을 향상시키며, (3) 진리에 대해 깨어있는 삶을 살기 위하여 그 이야기(the Christian story)를 숙고하게 하며, (4) 그리고 언약공동체로서 함께 사는데 필요로 한 감수성을 기른다.12)

나는 알레셔어가 확실히 기독교교육의 기초를 잘 이해했다고 생각하며 그렇게 함으로써 앞서 언급한 다양한 접근을 통합할 수 있다고 생각한다. "그리스도인 이야기 배우기"(to learn the Christian story)는 사람들에게 이 이야기에 관해 그들이 필요로 하는 정보와 사건을 제공하는 신앙교육 과정을 말한다. "신앙을 행위로 나타내는데 필요한 기술 계발하기"(To develop the skills they need to act out their faith)는 세상 가운데 행위에 강조하며, 해방화 과정을 가리킨다. "깨어있는 삶을 살기 위하여 그 이야기를 숙고함"(To

---

11) Ibid., 700.
12) Ibid., 071-2.

reflect on that story in order to live self-aware)은 자신의 신앙 여정에 대한 지식을 성장 혹은 성숙시킬 것을 강조하는 인성 발달 접근을 요구한다. "언약 공동체로서 함께 사는데 필요한 감수성을 기르는 것"(To nurture the sensitivities..to live...as a community)은 그리스도인이 된다는 것이 무엇을 의미하는지를 배우는 방법으로서 공동체에 참여할 것을 강조하는 사회화 과정을 말한다.

알레이셔의 정의를 제시하면서 이 정의가 당신 개인적으로 적용되지 않기를 바란다. 함께 동역하는 각각의 성도들이 함께 기독교교육에 대해 정의를 내리는 작업이 필요하다. 오히려 미래의 교육 사역에 효과적으로 참여하기 위해서는 광의적 비전의 한 예로서 이 정의가 필요하다고 생각된다.

기독교교육에 대한 광의적 정의는 깊이 없는 사고의 산물이 아니다. 광의적 정의는 우리로 하여금 강력하고 생명력 있는 교육 사역을 발전시키는데 있어 필요한 기초를 볼 수 있도록 돕는다. 교회교육은 신앙교육, 사회화, 인성 개발, 해방화를 요구한다. 여기에는 지식 전달, 공동체 활동의 참여를 통한 믿음형성, 개인의 신앙여정을 돕기, 그리고 세상 속에서 신실한 예배로 이끄는 비판적 잠재의식의 계발 등을 필요로 한다.

또한 이러한 광의적 정의에 대한 특정 부분을 특별히 강조함은 다른 접근의 부재를 의미한다고 생각하지 않는다. 심지어 집을 꾸미려고 계획할 때 나의 남편과 내가 특정 색상을 강조함으로 해서 우리의 주거 공간이 생기 있고 풍요로워진다. 교회가 교육사역에 있어서 신앙교육을 강조하게 된다 하더라도 의도하는 사회화 과정, 개인의 영성 계발 훈련을 위한 노력, 그리고 세상 가운데 해방화 과정에 참여하는 이들의 활동들 이 모두가 교회의 사역에 생명력을 더해주며 효과를 증폭 시킨다.

기초 확장하기

기독교교육에 대해 나름대로 정의를 내리기 시작 하면서, 기초가 되는 요소의 다른 면들을 고려할 필요가 있다. 이를 위해 기독교교육의 또 다른 정의를 적용하는 것이 도움이 되는데, 이러한 것은 유명한 교육학자 토마스 그룸(Thomas Groome)의 정의이다. 그에 따르면 기독교교육이란,

> 때를 따른 순례자의 정치적 행위로서 우리의 현실 가운데 하나님의 일하심, 기독교 신앙 공동체의 이야기, 이미 우리 가운데 씨 뿌려진 하나님 나라의 비전을 향해 의도적이고 계획적인 참여를 유도한다.[13]

그룸이 정의(definition)에서 사용하는 세 가지의 용어는 우리가 정의를 내릴 때에도 참고할 만한 개념이다. 즉 *정치적인*(political), *의도적으로*(deliberately), 그리고 *계획적으로*(intentionally)이다.

내 학생들이 처음으로 이 정의를 접할 때 *정치적*(political)이라는 용어에 강한 거부감을 종종 나타냈다. 정치적이라는 말은 우리 사회에서 대체로 상스런 말이다. 이 용어에서 마치 우리 정부구조상 매일 보는 당파싸움과 같은 뉘앙스를 갖는다. 그러나 어근을 살펴보면 이 용어는 그리스어 폴리스(*polis*)에서 기원하였는데, 그 의미는 도시를 뜻하고, 시민으로서 우리의 사회적 상호작용을 의미한다. 그룸이 이 용어를 사용할 때는 이러한 교육의 *사회적 성격*(social nature)을 강조하는 것이다.

그룸은 기독교교육이 공동체적이며 사회적 특성을 갖는 점에 우리가 주목할 것을 요구한다. 이러한 관점이 주는 이점은 우리가 행하는 기독교교육이 사람들로 하여금 공동체 안에 살도록 도우며 보다 넓은 사회에 참여케 하고 신앙을 드러내며 세상에 기여하는 삶의 방법을 제안한다는 것이다. 그룸은 기독교교육이 개인적 행위가 아니라는 점을 상기시킨다. 물론 사람과 그들의 신앙 여정과 관련하여 개인적인 요소가 있을 수 있다. 그러나 기독교교육의 핵심은 세상에 기여하고 세상을 섬기기 위한 신앙공동체, 즉 신앙공동체적 행위이다. 우리의 특별한 교회성도를 위한 기독교교육의 정의하면서 우리 사역이 갖는 정치적인 특성에 대해 기억하는 것은 중요하다.

---

[13] Groome, 25.

의도적으로(deliberately) 그리고 계획적으로(intentionally) 용어에 대해, 그룹은 우리의 교육 사역의 대해 또 다른 중요한 면을 부각시킨다. 무언가를 의도적으로 접근한다는 것은 그것에 신중함을 의미한다. 무언가에 의도적인 것은 그것이 일어나도록 계획을 세우는 것이다. 효과적인 기독교교육 연구에서 보면 계획하는 것은 강력한 교육사역을 구축하고 유지하게 하는 중요한 요소 중 하나이다.14) 또한 이 연구에서 발견한 사실은 수많은 교회들이 기독교교육 안에서 그들이 무엇을 하고 있는지 그리고 어디로 가고 있는지를 모르며, 그저 목적 없이 방황하고 있다는 점이다.15)

이전에 언급한 바와 같이, 기독교교육은 우연히 또는 즉흥적으로 수행되게 하기에는 너무나 중요한 사역이다. 우리는 프로그램에서 프로그램으로 맴돌 수 없으며, 바라기는 사람들로 하여금 오늘날 세상에서 제자로서의 삶을 위해 준비하길 희망한다. 가서 가르치라 (마 28:20)고 하신 명령에 충실하기 위해서는 최상의 의도적이고 계획적인 노력이 요구된다. 어쨌든 교회에서 기독교교육을 정의함에 있어, 나는 우리가 신실하게 의도적이고 계획적으로 이 사역을 수행하길 바란다.

이제 근본적인 기초 요소의 최종적인 개념을 토론하고자 한다. 그것은 교육과 학교 교육의 관계와 상관이 있다. 내가 사람들에게 기독교교육에 대한 정의를 요구하자, 가장 자주 사용된 용어는 학교 또는 학교 교육이었다. 대다수의 사람들에게 기독교교육은 학교, 특히 교회 학교와 동일시된다.

나는 교육 사역에 있어서 교회 학교의 역할이나 위치가 폄하되거나 평가절하 되는 것을 원치 않는다. 이 점에 대해서 3장에서 좀 더 다룰 것이다. 그러나 우리가 우리 자신을 학교의 이미지에 국한시킨다면 기독교교육의 보다 광의적이고 더 절대적인 시각에는 문제가 발생된다. 마리아 해리스(Maria Harris)가 이같이 말하기를 "기독교교육의 형태 가운데 오직 한 가지 형태인

---

14) Eugene C. Roehlkepartain, *The Teaching Church: Moving Christian Education to Center Stage* (Nashville: Abingdon Press, 1993), 87.
15) Ibid.

학교 교육만이 기독교교육이라 말하는 것은 기독교교육에 대한 잘못된 정체성"이라고 했다.16) 그녀가 지적하듯이,

> 이 관점에서 보면 교육 참여자들은 언제나 "교사" 또는 "학생"이 되며, 교육의 장소는 필수적으로 학교(또는 학교와 유사한 환경)이다 교육의 자료는 책과 칠판 그리고 수업 계획서이며, 이 교육과정은 정신적 활동을 포괄한다.17)

교육에 대한 이러한 학교교육을 신명기 6:49의 이미지와 대조해 보기로 하자. 이 구절에서 이스라엘에게 신앙적 가르침의 핵심 즉 위대한 대명령이 맡겨졌다. "이스라엘아 들으라 우리 하나님 여호와는 오직 하나인 여호와시니 너는 마음을 다하고 성품을 다하고 힘을 다하여 네 하나님 여호와를 사랑하라."이 명령의 가르침은 장소가 필요하고 교육과정으로 표출됨을 지지한다. 이스라엘에게 이르기를,

> 오늘날 내가 네게 명하는 이 말씀을 너는 마음에 새기고 네 자녀에게 부지런히 가르치며 집에 앉았을 때에든지 길에 행할 때에든지 누웠을 때에든지 일어날 때에든지 이 말씀을 강론할 것이며 너는 또 그것을 네 손목에 매어 기호로 삼으며 네 미간에 붙여 표를 삼고 또 네 집 문설주와 바깥문에 기록할지니라.

이 본문을 연구해보면, 교육이 가족관계 안에서 발생하며, 형식적(말씀을 암송)이고 비형식적(이것을 집에서 말하며, 가르침을 기억하는 표시와 상징을 제시함) 방식으로 구성되어 있음을 알게 된다. 이는 해리스가 기술한 바와 같이, 학교 교육 방식과 뚜렷한 대조를 이루는 듯 보인다. 아마도 히브리

---

16) Maria Harris, *Fashion Me A People: Curriculum in the Church* (Louisville: Westminster/John Knox Press, 1989), 39.
17) Ibid.

조상들은 우리가 고려해야 할 중요한 시각인 교육에 대해 보다 넓은 시각을 지녔을 것이다.

가르침의 행위를 오직 학교와만 연관 짓는 것은 한계가 있다. 만일 우리가 가르침을 오직 학교와 형식적인 학교 환경과 동일시한다면, 가르침이 학교 이외의 다양한 환경에서 발생한다는 사실을 간과하는 것이다.

나의 남편 브렌트, 그리고 어린 손자 필립을 떠올려보면, 브렌트는 제빵사이고, 필립은 할아버지가 만든 바나나 빵을 좋아하는 손자이다. 그들이 함께 할 때 마다, 필립은 할아버지께 빵을 만들어 달라고 조르며 만들 때 거들고 싶어 한다. 그래서 그들은 부엌에서 함께 모여 브렌트가 필립에게 빵 만드는 과정을 세심하고 인내심 있게 가르쳐준다. 주위에 "학교"라는 간판이 없음에도 불구하고, 그는 필립을 가르친다. 필립은 스스로 바나나빵을 만드는 방법을 배우게 될 것이다. 우리가 생각하는 학교라는 경험은 아닐지라도 말이다.

부엌이 가르침의 장소가 되는 것과 같이, 교회 예배당 또는 친교실 또는 교회가 지원하는 무료 급식소과 가족 거실 또한 가르침의 장소가 된다. 우리는 신앙교육을 다양한 방식과 다양한 환경 안에서 제공한다. 학교보다 기독교교육에 대해 더 많이 이해하며 학교 교육 형태의 차원을 넘은 신앙 교육의 가능성을 이해하는 것은 우리에게 교육목회에 대한 보다 넓고 생동감 있는 시야를 갖게 한다.

요약

기독교교육에 대한 정의는 교회 교육 사역에 있어 초석이 되는 기본 원칙이다. 이 정의를 통해 우리는 중요한 교육목회에서 필수적인 측면들을 인식하고 그것들을 효과적으로 수행한다. 나는 기독교교육에 관한 다양한 견해를 나누는 이 토론이 고무적인 활동이라 확신한다. 이 토론으로 독자들이 기독교교육에 대한 자신의 정의와 교회의 정의를 주의 깊게 생각하고 새로운 열정과 삶을 넓혀가는 방법을 숙고할 것이라 믿는다.

기독교교육에서 다루게 되는 *효과적인 기독교교육* 연구의 결과를 상기해 보라. 이는 매우 중요한 사안이다. 우리가 하는 효과적인 기독교교육의 일이 무엇인지에 관해 명백히 이해하는 것만이 교회 생활을 변화시키는 교육적 효과를 증진시킬 수 있다.

교육(education)이란 단어는 이끌어냄 또는 이끌어 나오게 함을 뜻하며 이는 라틴어 *에듀케어(educare)* 에서 유래되었다. 즉 교육이란 이끌어내기 또는 이끌어 나오게 하는 행위를 말하는 것이다. 만일 우리가 사람들을 신앙생활과 헌신된 제자의 삶으로 이끌어내기 원한다면, 우리는 가장 확실하고 최선의 사고와 우리가 할 수 있는 가장 의도적이고 계획성 있는 노력을 필요로 할 것이다. 또한 예수 그리스도의 교회는 그만한 가치가 있다.

숙고와 적용

다음의 연습 문제는 독자들로 하여금 이 장에서 제시된 개념에 결합하도록 돕기 위한 것이다.

1. 기독교교육에 대한 이해를 반영하는 자신 만의 동의어 목록을 열거해 보라. 이 장에서 제시된 목록과 비교 하거나 대조해 보라. 같은 점은 무엇인가? 다른 점은 무엇인가? 기독교교육에 대한 이해를 반영하는 자신의 생각이 무엇인가?

2. 다양한 연령대를 포함한 몇몇의 교회 구성원들에게 기독교교육에 대한 그들의 정의를 인터뷰 하여보라. 그리고 위 목록에 그들의 정의를 첨가하라. 기독교교육에 대한 보다 넓은 교회적 차원의 이해는 무엇이라 여기는가?

3. 자신이 적은 용어의 목록을 분류해 보라. 어떤 단어나 구절이 당신의 교회에서 실시되고 있는 기독교교육에 가장 근접하는가? 당신은 기독교교육에 대한 이러한 이해를 어떻게 기술하겠는가? 21-23쪽에 제시된 기독교교육에 대한 네 가지 접근과 당신의 정의를 비교해 보라. 이들 접근 중 유사점이 있는가, 있다면 무엇인가? 당신의 교회에서 찾아볼 수 있는 기타 다른 접근에 관한 내용이 있는가? 어떠한 것들인가?

4. 기독교교육에 대해서 자신의 말로 정의하여 보라. 당신의 정의에서 강조하는 바는 무엇인가? 강조하지 않는다면 그 이유는 무엇인가?

5. 광역 교회와 이러한 정의를 어떻게 공유하겠는가? 그 정보를 어떻게 요청할 것인가? 이것을 실행함에 있어 행동 계획을 세우라.

2장

목적: 교육을 왜 하는가?

시계는 저녁 10시를 가리키고, 기독교교육 위원회의 회의가 진행 된 지도 벌써 2시간이 넘었다. 피곤한 기색이 역력한 표정의 위원들이 자리에 앉아 있다. 아직 결정해야할 세부 사항들을 열거하는 위원장의 목소리에는 당혹감이 느껴진다. 그가 읽기를 마치자, 저녁 시간 내내 조용히 앉아있던 도리스(Doris)가 갑자기 말문을 연다. 그녀가 실망스런 어조로 말한다. "이렇게 해결해야 할 끝없는 세부 사항들과 겉도는 문제들이 우리를 지치게 하네요. 다급한 문제와 문제로 표류하고 행사계획이 꼬리에 꼬리를 물고 있어요. 그런데 갑자기 이런 생각이 듭니다. 이것이 과연 가치 있는 것일까? 우리가 하고자 하는 일이 과연 무엇인가?"

　몇몇 위원들이 놀라서 그녀를 돌아보며 일제히 말한다. "도리스, 좀 당황스럽네요. 우리가 왜 여기 있는지 무엇을 하는지 아시잖아요. 당신같이 훌륭한 크리스챤이 그러한 문제를 제기하다니 놀라울 따름이군요!" 각자 그들 나름의 논리를 내세우며 반응들이 쏟아진다. 도리스가 그들을 잠잠케 하려고 손을 들어 답변한다. "우리는 기계에 기름칠을 하는 일을 하고 있다고 생각합니다. 그리고 그 문제에 대하여 기계가 잘 작동하거나 조금이라도 작동하는 한 기계가 요긴한지 유용한 기계인지 상관이 없어 보이네요. 하지만 이 기계는 도대체 무엇을 위한 것입니까? 우리의 목적이 무엇입니까?" [1]

　아마도 이러한 장면이 낯설지는 않을 것이다. 긴 회의와 끝없는 세부 사항에 주목하는 장면은 내가 참여했던 대부분의 기독교교육 위원회 회의들에서 쉽게 발견할 수 있다. 나는 우리가 도리스의 이의제기 같은 목소리를 낼만한 용기는 전혀 없지만 그러한 생각을 해 보았을 것이라 직감한다. 우리가 무엇을 하려고 하는가? 무슨 이유에서 인가? 우리가 기독교교육을 해야 하는 이유는 무엇인가?

　이것이 우리의 두 번째 기본 원칙인 목적(purpose)이다. 목적은 우리의 노력이 추구하는 목표와 관련이 있다. 기독교교육에 대한 개념을 정의하는

---

1) *What's It All For? Reflections on the Purpose of Christian Education,* videocassette, prod. Estelle McCarthy and dir. Jeff Kellam, 30min., Presbyterian School of Christian Education Video Education Center, 1988.

것이 중요한 것과 마찬가지로, 우리가 그것을 왜(why)하는가를 아는 것이 그에 못지않게 중요하다. 교회 안에서 왜 교육을 해야 하는지 명확하지 않다면 우리가 의도하지 않았던 결과로 끝 날 수도 있다. 그것은 마치 여행을 하는 것과 같다. 만일 우리가 목적지를 모른다면, 예를 들어 뉴욕시를 모르고 가면, 아틀란타에 도착할 수도 있다. 개념과 목적은 동반자 관계이다. 신앙교육, 사회화, 인성 발달, 해방화 과정의 결과가 무엇인지 알지 못한다면 신앙교육, 사회화, 인성 발달, 해방화 등 다양한 교육적 접근에 전적으로 참여할 수 없을 것이다. 우리의 목적은 교육이 교육으로서 우리가 하는 것이 무엇인지를 구체화한다.

나는 다시금 예수님의 모범을 생각한다. 예수님은 사역에 대한 명확한 목적을 가지고 있었다. 이사야 선지자의 말을 인용하면서 가난한 자에게 복음을, 포로된 자에게 자유를 선포하였고, 눈 먼 자에게 다시 보게 하며, 억눌린 자를 해방시키며, 그리고 주의 은혜의 해를 선포하셨다(눅 4: 18-19). 예수님은 사역에 대한 핵심 목적이 있기에 무엇을 하였고, 어디로 다녔으며, 무엇을 말하였으며, 누구와 시간을 보냈는지를 구체화시킬 수 있었다. 확고한 비전으로 그의 사역은 활기찼다. 이처럼 분명한 목적을 갖는 것은 교회에서의 우리의 교육적 노력을 구체화시킬 수 있고 활력을 일으켜 줄 것이다.

우리는 무엇을 하고자 하는가?

소위 말하는 기독교교육의 목적으로는 어떠한 것들이 있는가? 초기에 언급한 기독교교육 위원회 회의를 다시 상기해 보자. 도리스(Doris)가 실망과 비판이 섞인 목소리로 "우리가 하고자 하는 일이 무엇입니까?" 라고 질문하였을 때, 위원회의 몇몇 위원들은 즉각적인 대답으로 응수하였다. 어떤 사람은 기독교교육의 목적이 성경을 가르치는 것이라고 말했다. 다른 사람은 성경을 삶에 적용하는 것이라고 답했다. 세 번째 위원은 우리 개인의 신앙 여정을 위해 양육과 지원하는 일이라고 했다. 네 번째 사람은 기독교 유산을 다음 세대로 전수하는 것이라고 말했다.2)

이들 모두가 훌륭한 답변으로 보인다. 성경을 가르치고, 성경을 삶에 적용하는 법을 배우며, 사람들의 영적 신앙 여정에 대해 양육하고 지원하며, 신앙의 유산을 다음 세대로 전수하는 것들은 기독교교육의 목적에 부합된다.

1장에서 논의했던 바처럼, 다니엘 알레이셔(Daniel Aleshire)의 기독교교육에 대한 시각에서 목적과 유사한 점을 발견할 수 있다. 첫 번째로 기독교교육은 사람들로 하여금 고대와 현재의 그리스도인의 이야기를 배우도록 한다. 두 번째, 이것은 사람들로 하여금 그리스도인으로서 그들의 신앙을 행위로 나타내며 그리스도인으로 살기에 필요한 기술을 향상시키도록 돕는 것이다. 세 번째, 기독교교육은 사람들로 하여금 그리스도인의 이야기를 숙고하도록 도움으로써 그 이야기의 진리를 깨달아 살게 하며 어떻게 그러한 진리가 그들 자신의 삶에 나타나는지에 관한 것이다. 끝으로 한 신앙 공동체로서 함께 살고 일하는데 필요로 하는 그러한 감수성, 태도 그리고 능력을 배양하는 것이다.3)

토마스 그룸(Thomas Groome)은 기독교교육의 목적을 "사람들로 하여금 기독교인답게 살도록 하는 것, 즉 기독교 신앙의 삶을 살게 하는 것"으로 보았다.4) 이는 모든 사람들과 피조물을 향한 하나님 자신의 비젼과 계획에 따르는 삶을 살도록 돕는 것을 의미한다. 이 때의 비젼은 정의(justice)를 위한 노력, 인간의 존엄성, 만인을 위한 자유를 포함한다.5)

교육위원회 위원들의 답변과 우리 저자들의 답변들, 이러한 모든 목적의 진술들은 기독교교육에 대해 다소 중요한 목표를 제시한다. 우리는 미래 세

---

2) Ibid.
3) Daniel Aleshire, "Finding Eagles in the Turkeys' Nest: Pastoral Theology and Christian Education," *Review and Expositor* 85(1988): 701-2.
4) Thomas Groome, *Christian Religious Education* (San Francisco: Harper & Row, 1980), 34.
5) Ibid., 35.

대에게 기독교의 유산을 물려주길 원한다. 우리는 성경을 가르치고, 성경을 현재 우리 삶의 경험에 적용하는 법을 배우며, 우리의 신앙을 행위로 나타내는 기술을 향상시키길 원한다. 우리는 우리의 신앙 여정을 서로 양육하고 지원하길 원한다. 우리는 한 신앙 공동체로서 살아가는데 필요한 기술과 태도를 향상시키며, 기독교인이 됨을 의미하는 우리의 삶으로 또한 구현할 필요가 있다. 우리는 하나님 나라가 실현된 것처럼 살도록 가르치며, 공의와 자비, 인간의 존엄과 가치 그리고 만인을 위한 자유의 이상을 삶의 행위로 나타내길 원한다.

그러나 이러한 다양한 목적 진술들을 기독교교육에서 우리의 목적에 대한 광의적 시각에 통합시킬 한 방법으로 보는 것이 가능한가? 그것들을 하나의 전체로 보며 우리가 기독교교육을 하는 이유에 관한 통찰력을 얻을 수 있는 방법이 있는가? 나는 있다고 생각하며, 우리가 우리 자신의 공동체적 환경에서 기독교교육의 목적을 분명히 하고자 할 때에 도움이 될 몇 가지의 시각을 제공하고자 한다.

지속과 변화

월터 부르그만(Walter Brueggemann)이 말하기를, "한 세대 이상을 지속시키고자 하는 모든 공동체는 그 자체가 교육에 힘써야 한다."[6] 교육은 세대를 통하여 한 공동체를 유지하는데 있어 핵심적 역할을 한다. 이때, 교육의 목적은 "이상, 가치 그리고 개념이 지속됨으로 그 공동체가 자신의 정체성을 유지함"을 보증하기 위함이다.[7] 다른 말로 하면, 교육은 지속성, 사람들의 삶의 중심을 형성하고 구체화시키는 전통과 가르침은 시간을 초월하여 전달하는 것을 돕는 것과 관련이 있다.

---

6) Walter Brueggemann, *The Creative Word* (Philadelphia: Fortress Press, 1982), 1.
7) Ibid.

부르그만은 또한 공동체는 반드시 새로운 상황에서도 살아남아 그것과 관련되고 관계할 수 있어야 한다고 했다. 공교롭게도, 교육은 "단절"이라고 칭하는 것 또는 사고의 새로운 방식을 강조함과 관련이 있어야만 한다. 다시 말하면, 교육의 또 다른 목적은 세상이 변화하는 것을 돕고, 사람들에게 새로운 삶을 가져오도록 구시대의 전통과 가르침이 변화할 때에 사람들을 돕는 것이다. 부르그만에게 있어서 교육은 무관계함으로 시대에 뒤지는 것을 피하기 위하여 그러나 또 다른 한편으로는 소멸에 관련되기 위하여 지속과 단절 모두가 수반되어야만 하는 것이었다.[8]

지속과 변화이다. 우리 모두는 시대를 넘어 끊어지지 않는 연결감, 정체감을 주는 뿌리를 필요로 한다. 나는 족보와 뿌리를 찾는 데에 있어 오늘날 우리 사회의 커다란 관심은 연결을 위한 이런 필요함의 전시라고 생각한다. 우리는 우리가 누구이고, 어디서 왔으며 누구의 발자취를 따르는가를 알고 싶어 한다. 이러한 연결감은 우리에게 정체성을 제공하며 우리의 삶에 의미와 방향을 제시한다.

그러나 우리는 또한 변화란 삶의 실제이자 우리의 성장과 성숙을 위해 중요함을 인식하고 있다. 새로운 상황과 환경이 우리로 하여금 변화할 것, 다른 관점을 가질 것, 어떤 일을 하는데 있어 구습을 변화시킬 것을 요구한다. 나는 햄을 굽기 전에 반으로 자른 젊은 신부의 이야기를 떠올린다. 그녀의 남편이 이유를 묻자, 그녀가 대답하기를 그녀의 어머니가 항상 그런 식으로 요리했기 때문이라는 것이었다. 그 젊은 신부는 그녀의 어머니에게 물었고, 그녀의 어머니는 그녀의 어머니가 항상 그렇게 했었기 때문이라고 말했다. 그 때 그 젊은 여인이 그녀의 할머니에게 묻자, 대답하기를, "나는 너와 너의 어미가 그렇게 하는 이유를 모르겠구나, 하지만 나는 후라이팬이 너무 적기 때문에 햄을 반으로 잘라야만 했단다." 새로운 날과 새로운 후라이팬이 그 젊은 신부에게 변화할 기회, 기존의 방식을 그녀에게 맞는 새로운 방식으로 전환할 기회를 제공하였다.

---

8) Ibid.

출현할 새로운 방식을 위해서 과거와의 관계를 끊어야할 시기가 있다. 나는 수 세대에 걸쳐 알콜 중독과 처방 약에 의존하는 약물 중독의 집안 내력을 가지고 있는 한 친구를 떠올렸다. 그녀는 가족 관계 내에서 오랜 시간에 걸쳐 형성된 양식을 바꾸려 노력해야만 했는데, 수 세대 동안 이어져 내려오던 약물 중독의 악순환을 끊고 그녀의 현재의 가족 상황에서 새롭고 건강한 관계 양식이 발생하도록 하기 위해서였다.

교회의 일곱 마디 최후의 말은 "우리는 항상 그러한 방식으로 일했다"라고 자주 회자된다. 변화를 피하는 것은 침체와 죽음으로 이끈다. 변화를 수용하는 것은 우리로 하여금 모든 가능성을 지닌 현재와 희망과 꿈을 지닌 미래를 열어준다.

지속과 변화, 여기에 우리의 교회 사역에서 교육의 목적에 대한 핵심 이해가 있다. 하나님의 백성이 되는 부르심에 진실하기 위하여 우리는 지속과 변화에 대해 교육해야만 한다. 유명한 학자이자 교회 교육가인 메리 엘리자베스 무어(Mary Elizabeth Moore)가 이같이 말하기를, 현재의 세상에서 관계와 영향력 모두를 추구함에 있어서,

> 교회 공동체는 그 이야기가 낡았다는 것을 인식해야만 한다. 오랜 기간에 걸쳐 형성된 진리의 안정성을 추구함에 있어서, 그 같은 공동체는 그 이야기가 전파되고, 해석되며, 변형되는 역동적인 방식을 인식해야만 한다.9)

그리고 그녀는 "지속과 변화는 기독교 공동체의 삶에 필수적이다"라는 말을 덧붙였다.10) 기독교교육이 성경을 가르치고 유산을 물려주는 것이라고 말했던 그러한 위원회 위원들은 지속에 대한 문제를 제기하였다. 기독교 공동체가 기독교 이야기를 전하는 것은 매우 중요하다. 우리는 그 이야기를 특징적으로 내세우며 기독교인 선조들의 삶을 형성했던 신앙관, 가치관, 그

---

9) Mary Elizabeth moore, *Education for Continuity and Change* (Nashville: Abingdon Press, 1983), 14.
10) Ibid., 18.

리고 풍습을 알아야할 필요가 있다. 우리는 전혀 자신들을 스스로 도울 수 없어 보이는 자들을 하나님께서 도우시는 방법에 대한 이야기, 벤쟈민 프랭클린(Benjamin Franklin)이 인용한 것으로 유명한 "하나님은 스스로 돕는 자를 도우신다"와 같은 민족 문화적 지혜와 기독교인 이야기를 분별할 필요가 있다. 우리는 성경을 어린 아이들, 젊은이 그리고 어른들에게 가르쳐서 우리가 우리의 이야기를 알고 주장하며 삶 속에서 실천할 수 있도록 도울 필요가 있다.

우리는 우리가 누구이며 누구에게 속해 있는지 알아야만 한다. 또한 그리스도 제자교, 장로교, 감리교, 루터교, 그리스도교, 침례교, 그 밖에 우리가 속한 신앙 공동체를 형성하는 고유한 유전을 알아야 할 필요가 있다. 정체성 문제와 관련하여 미국에서는 개신교 종파 간의 우려가 증가하고 있다. 조사에 따르면 현대인들은 교파 관계의 기초위에서 교회를 선택하지 않으며 종종 특정한 신앙 공동체를 형성한 유전에 관하여 제한된 이해력을 지니고 있다고 한다.

어쨌든, 한 공동체 삶에 전적으로 들어가기 위해서는 그것을 구체화하고 형성하는 전통에 대한 다소의 감각을 지닐 필요가 있다. 지속에 대한 이러한 요구는 나머지 기독교 군에서 분리된 배타적 교회 공동체를 건립하지 못한다. 대신에 이러한 종파를 특징짓는 고유한 정체성을 이해하여 우리로 하여금 보다 넓은 기독교 군에 대한 그러한 관점을 갖게 하며 우리의 고유성과 유사성을 함께 칭송하게 한다.

그러나 교회 교육이 지속을 위한 것만은 아니다. 또한 우리는 변화를 위한 교육을 해야만 한다. 기독교교육의 목적이 성경을 삶에 적용하기 위해 배우는 것이라고 말했던 위원회 위원은 변화의 문제를 제기하고 있다. 복음은 모든 세대, 모든 환경 그리고 그 날짜, 시간과 장소에 대해 말하는 방식에서 새롭게 들려져야 한다.

요셉 그라씨(Joseph Grassi)는 "교회 중심적" 교육보다 "하나님 나라 중심적" 신앙 교육에 대한 필요성에 대해 언급한다.[11] 하나님 나라 중심적 교육은 샬롬(shalom), 즉 진정한 하나님 나라를 이룰 정의와 평화의 나라를

창조하면서 세상과 더불어, 세상을 향한 사명에 초점을 둔다. 그러한 교육
은 창조성과 새로운 시각과 새로운 방식을 요구한다. 너무나 빈번하게 교회
에서는 교육하는 목적을 규범과 규칙을 알며, 열심히 봉사하며 "옳은"방식
으로 일하는 훌륭한 교인들을 만드는 것에 둔다. 하지만 우리는 신앙 안에
서 그리고 세상을 향한 삶을 사는 신실한 제자들을 양육하는 데 목적을 둘
필요가 있다. 우리는"교회의 것"이 아니라 "그리스도의 것"으로 만들어져
야 한다. 그러한 형성 과정은 변화를 요구 한다.

나는 1991년 콩고 공화국(당시 자이레로 알려진)을 방문하는 동안 변화
를 받아들일 필요성에 대해 생각해 보았다. 미국 침례교 목사인 남편과 나
는 그 나라를 교단의 선교 사역 차 방문하고 있었다. 우리는 기쁜 찬송과
북 소리와 함께 생명력 넘치는 예배에 감동을 받았다. 그리고 예배자들이
그들의 헌금을 제단으로 가져가는 통로에서 열정적으로 춤을 추는 모습이
이채로웠다. 듣기로는 원래 초기 선교사들이 북의 사용과 춤을 금하였는데
이를 통해 귀신을 불러들이는 연유에서였다. 그러나 춤과 북은 이들의 삶에
중심이며 이러한 이해는 춤과 북이 그들의 신앙을 표현하는데 있어 중요한
도구라는 사실을 서서히 깨닫게 했다. 그 환경에서 복음을 소유한 자가 된
다는 의미를 터득하게 된 선교사들은 기독교가 원주민들의 삶에 깊게 뿌리
내리고 꽃을 피우기 위해서 변화가 되어야만 했다.

다니엘 알레이셔는 고대와 현대 모두 그리스도인 이야기를 배워야 할 필
요성에 대해 언급하면서, 그 이야기는 고대 상황에 국한되지 않으며, 하나님
께서 우리를 둘러싼 세상에서 갑자기 새로운 방식으로 역사하시는 오늘날에
도 사로잡는 이야기임을 말한다. 메리 엘리자베스 무어는 이렇게 말했다.

> 기독교 공동체에서 변화는 매 세대마다 일어나며 지구상 다른 곳곳에서 일
> 어난다. 이 변화는 사람들이 자신의 독특한 사회역사적 상황을 가지고 과거

---

11) Joseph A. Grassi, *Teaching the Way: Jesus, the Early Church and Today* (Lanham, Md.: University Press of America, 1982), 145.
12) Moore, 22.

를 해석할 때도, 하나님께서 간섭하심으로 인도되어지는 상황의 새로운 것을 경험할 때 일어난다.12)

하나님은 우리의 삶에 새로운 방식으로 말씀하시길 기다리고 계신다. 우리가 교회에서 교육할 때, 우리는 하나님의 이러한 말씀으로 역사하심에 폐쇄적이지 않는 방식으로 교육해야만 한다. 오히려 만물을 새롭게 하시는 분을 위하여 오히려 우리 자신을 개방하고 준비해야만 한다.

이때, 우리가 신앙 공동체 안에서 교육하는 이유는 무엇인가? 우리는 그 공동체가 뿌리를 내리고 그 과거(지속성)에 충실하도록 하며 하나님께서 우리를 새로운 삶(변화)으로 초청하시는 현재와 미래에 열려있도록 하기 위해 교육한다. 지속성 또는 변화에 집중하는 것은 둘 중의 하나를 선택해야 하는 선택사항이 아니다. 그것은 교회의 생명과 미래에 필수 요건으로서 지속성과 변화를 모두 취하여야 한다. 무어(Moore)는 이렇게 말했다.

> 우리가 과거와 지속적인 경우 변화의 가능성은 더 커진다. 또한 우리가 더 많이 변화할수록 우리가 과거에 보다 더 충실한 연장선상에 있다.13)

나는 이러한 지속성과 변화의 통합이 예수님의 가르침 사역에서 나타나는 것을 목도한다. 훌륭한 예시를 마태복음 5장에서 찾아볼 수 있다. 여기서 우리는 예수님의 교훈하심의 집대성의 하나인, 산상수훈으로 알려진 것을 발견한다. 그가 말한 것에 주목하는 것은 흥미롭다. 17절에서 그가 사람들에게 이르시기를, "내가 율법이나 선지자를 폐하려 온 줄로 생각지 말라 폐하러 온 것이 아니요 완전케 하려 함이로라." 예수님의 주장은 율법을 완전케 하기 위해 오셨으며, 유대교의 가르침과의 연속선상에 서시고자 오셨다.

그러나 21절과 22절 그리고 이 부분의 몇몇 다른 곳에서, 그가 말씀하시기를, "너희가 ...라고 말하는 것을 들었으나 나는 너희에게 이르노니..." 이

---

13) Ibid., 120.

것들은 변화에 대한 말씀이다. "너희는 이러한 가르침을 받았으나, 이제 나는 너희에게 이것을 가르친다".

지속과 변화이다. 예수님 자신의 사역은 유대 백성들에게 그들의 근본으로 돌아갈 것, 그들의 율법의 본질로 돌아갈 것, 그들의 가르침에 대한 이행으로 돌아가라는 지속적인 요구로써 특징 지워진다. 그러나 이러한 사역은 변화, 변형, 모든 이들에게 공의와 자비를 가져오는 새로운 방식의 삶을 살 것에 대한 명백한 초대이다. 제자도 교육에서 우리는 그와 같이 할 수 있다.

요약

교회의 커리큘럼에 관한 그녀의 훌륭한 저서에서, 마리아 해리스(maria Harris)는 기독교교육의 목적에 관해 이야기한다. 그녀는 교육에 있어 우리 사역의 핵심은 하나님의 사람들을 그들의 목회적 소명에 적응시키는 것이다. 즉, 그리스도인으로서 우리 모두는 사역에 부르심을 받았으며 우리 교육의 목표는 모든 이들로 하여금 어떠한 모양과 형태를 띠든지 이러한 부르심에 응답하도록 준비시키는 것이다. 그녀는 이와 같이 기술하기를,

> 세례의 진리를 통해 우리는 정규적으로 도전받으며 또한 우리는 기독교 신앙 공동체와 연합한다는 것이 책임 수반이 뒤따름을 깨닫기 시작한다. 더 이상 수동적인 회원이 되거나, 누군가 우리에게 한 말을 받아들이거나, 이따금 독서를 위해 꺼내려고 그 말씀을 철해 두는 것으로 충분치 않다. 더 이상 교회의 사역을 마치 모든 책임이 그들에게 있는 것처럼 목회자와 임명받은 지도자들에게 맡기는 것은 충분치 않다. 대신에 우리는 하나님의 말씀이 우리에게 전달하시며 무엇인가 말씀하시며 요구하시며 우리 삶 가운데 그 말씀이 활동하도록 원하고 계심을 깨닫는다. 우리는 복음에 의해 부르심을 받은, 세상에서 구별되도록 부르심은 받은 사람들이다.[14]

이러한 소명은 우리가 기독교교육을 하는 *이유(why)*에 관하여 매우 명백해질 필요가 있음을 의미한다. 이 장에서 우리는 목적에 대한 이러한 의문들을 살펴보았으며, 이제 나는 당신들에게 교회 교육의 목적이라는 의미에서 자신이 속한 교회를 응시하도록 권한다. 당신이 자신의 목표와 목적을 말할 때에, 나는 지속과 변화에 대해 교육할 것을 요구하는 비젼, 즉 여기에서 제시된 비젼을 내어놓는다. 그러한 비젼은 우리로 하여금 우리가 누구이며, 누구의 소유인가를 알게 하는 비젼이지만, 우리에게 평화의 사절로서 세상 속으로 나아갈 것, 적절한 말을 할 수 있도록 하며 매우 절망적으로 결핍된 세상으로 희망과 새로운 삶을 가져다 줄 것을 요구한다.

숙고와 적용

다음의 연습문제는 이 장에서 제시된 개념에 참여하는 독자들을 돕고자 제공되었다.

1. 당신이 속한 교회의 기독교교육에 대한 목표를 나타내는 목적에 대한 목록을 준비하라. 당신의 목록을 이 장에서 제시된 기독교교육 위원회 위원들, 알레이셔, 그리고 그룹의 목적들과 비교하라. 유사점은 무엇인가? 차이점은 무엇인가?

2. 종이, 신문지, 또는 칠판위에 세로로 두 칸을 만들어라. 한 쪽 세로 칸에는, *지속*(continuity)이란 단어를 써넣어라. 다른 한 쪽 세로 칸에는, *변화*(change)라는 단어를 써넣어라. 당신이 준비한 목적에 대한 목록을 사용하여, 주로 지속 또는 변화와 관련된 그러한 목적을 볼 수 있

---

14) Maria Harris, *Fashion Me A People: Curriculum in the Church* (Louisville: Westminster/John Knox Press, 1989), 23-24.

는 지의 여부에 따라서 적절한 빈 칸에 각각 써넣어라. 세로 칸을 연구하고 그것들이 교회의 기독교교육의 목적에 관하여 무엇을 나타내는지 의논하라. 그것이 주로 *지속과 변화*에 집중하는가? 그것을 강조해야 된다고 생각하는 이유는 무엇인가? 그 강조점을 어떻게 바꾸길 원하는가?

3. 성경 연구:
   a. 마태복음 5:17-20을 읽어라.
      (1) 여기서 예수께서 무엇이라고 말씀하셨는가?
      (2) 예수께서 율법과 선지자와 어떠한 방식으로 연속관계에 있다고 생각하는가?

   b. 마태복음 5:21-43을 읽어라.
      (1) 예수께서 "너희가…라고 말하는 것을 들었으나 나는 너희에게 이르노니…" 라 고 몇 차례 말씀하셨는가에 주목하라. 그가 이렇게 말씀하실 때 무슨 일이 일어났는가? 어떠한 방식으로 그가 변화를 주장하는가?
      (2) 예수께서 그것의 지속과 변화에 대한 요구에 대해 당신의 교회에게 무엇이라 말씀 하실거라 생각하는가?

4. 당신의 교회에 대한 기독교교육의 목적에 대한 진술을 준비하라. 당신의 환경에서 이러한 목적 진술을 이행하기 위해서는 무엇이, 어떠한 행동이 필요한지 생각해보라. 당신이 기독교교육을 하는 방식으로 무엇이 변화될 것인가? 무엇이 여전히 그대로 변화되지 않을 것인가?

5. 광역 교회와 이러한 목적 진술을 어떻게 공유할 것인가? 이와 같이 실행하는데 대하여 그리고 교인 수용에 대한 행동 계획을 세워라.

3장

환경: 교육의 장소는 어디인가?

"환경이 전부입니다" 그녀는 그렇게 확신에 차서 말했다. 나는 더 집요하게 질문했다. "그게 무슨 뜻입니까?" 그녀가 다시 말하기를, "환경이 전부입니다. 우리가 무언가를 하는 곳 -물리적 환경, 문화적 환경, 하루의 시간- 이러한 모든 것들이 우리가 교육하는 방법과 사람들의 학습하는 것에 영향을 미칩니다." 화자는 복학한 학생이며 내 수업 시간 중 그녀는 자신이 가진 다소의 지식을 함께 나누어 주었다. 그녀의 사역 장소는 대도시 중심부의 아프리카계 미국인 교회였으며, 수업 시간의 청중은 대부분이 교외 거주의 중산층 백인 학생들이었다. 그녀는 그들에게 교육에서 환경의 중요성을 인식할 것과, "획일적인 방식"을 취하지 말 것을 환기시켰다.

환경이란 배경, 처지 그리고 특별한 일이나 사건이 일어나는 상황을 말한다. 이러한 세 번째 기본 원칙은 우리로 하여금 교육이 일어나는 배경이나 환경의 중요성에 주목할 것을 요구한다. 교회에서 우리는 너무나 자주 환경을 당연시 여긴다. 우리는 주로 교회 학교가 "교육적"이라고 여기며, 가르침과 학습이 발생하는 다른 환경에 대해서는 좀처럼 인식하지 못한다. 우리가 교육적이라고 인식하는 그러한 장소들의 무심한 물리적 환경, 또한 우리가 교회 학교의 환경을 중요시하지 않는 이러한 생각들이 여기에 포함된다. 나는 어떠한 관심이나 주의의 흔적이 전혀 보이지 않는 교회 학교에서 여러 번 일해 보았다. 페인트칠은 벗겨져 있었고, 의자와 책상들은 망가져 있었으며, 헌 종이들은 책꽂이에 산더미처럼 쌓여 있었고, 모든 것이 크게 손을 봐야 사용할 수 있었다. 또한 우리는 환경이 단순한 물리적 환경 이상이라는 것을 깨닫지 못하는 것 같다. 그것은 태도, 감정, 관계, 문화적 수준, 그리고 환경을 형성하는 수많은 다른 요소들을 포함한다.

우리는 교회의 교육 사역에 대한 환경의 중요성을 살펴 볼 필요가 있다. 엘리어트 아이스너의 저서는 이러한 토대적 기본 원칙에 대한 나의 이해에 큰 도움을 주었다. 그의 책 『교육적 상상력(Educational Imagination)』에서, 그는 학교 교육의 환경 문제를 강조한다.[1] 그는 말하기를,

---

1) Elliot W. Eisner, *The Educational Imagination*, 2d ed. (New York: Macmillan, 1985), 87-108.

그러나 학교는 그들이 가르치고자 하는 것보다 훨씬 더 많이-그리고 훨씬 더 적게 가르친다. 교육의 대부분이 명시적이고 일반적임에도 불구하고, 상당 부분은 그렇지 못하다. 학교는 한 가지의 교육과정을 학생들에게 제공하는 것이 아니라 세 가지를 제공한다.[2]

그는 명시적, 내재적 또는 잠재적 그리고 영의 존재하지 않는 교육과정(null curriculum)에 관하여 계속 이야기 한다. 명시적 교육과정이란 학교의 교육, 우리가 가르치는 실제 *내용*과 같이 의식적이고 의도적으로 제시된 것을 말한다. 내재적 교육과정이란 어떤 학교가 "속한 환경의 성격에 따라 교육함"을 말한다.[3] 다른 말로 하면, 환경-학교 건물의 물리적 특성, 하루일과가 편성되는 방법, 정서적 환경, 사람들이 서로 관계하는 방식, 그리고 수많은 기타 요소들-은 부지불식간 학생들에게 중요한 교훈을 가르친다. 그리고 마지막으로, 영의/존재하지 않는 교육과정은 학교가 가르치지 않는 것을 말한다. 마리아 해리스(Maria Harris)가, 아이스너(Eisner)의 저서에 대한 토론에서 기술하기를,

> 이 교육과정은 존재하지 않으므로 존재하는 교육과정이다. 그것은 제외된 교육과정이다. 그러나 그것을 포함시키는 이유는 어떤 것에 대한 간과나 부재가 중립적이지 않다는 데에 있다. 그것은 우리가 고려해야 할 취사선택권의 균형, 우리가 선택해야 할 대안들, 또는 우리로 하여금 볼 수 있도록 돕는 관점들을 왜곡시킨다. 영의/존재하지 않는 교육과정은 제외된(내용, 주제, 관점) 영역과 사용되지 않은(미술, 놀이, 비판적 분석) 방법을 포함한다.[4]

아이스너(Eisner)는 내재적 교육과 영의/존재하지 않는 교육과정이 교육함에도 불구하고, 종종 비의도적이고 무의식적인 요소들이 "아이들이 학습

---

2) Ibid., 87.
3) Ibid., 96.
4) Maria Harris, *Fashion Me A People: Curriculum in the Church* (Louisville: Westminster/John Knox Press, 1989), 69.

하는 가장 중요한 교훈들" 가운데 존재한다고 본다.5) 그는 우리에게 환경 자체가 가르치므로 우리가 주의를 기울일 필요가 있음을 살펴보도록 촉구한다.

나는 엄마가 전문 언론인으로서 여행을 많이 다닌 한 어린 소녀의 이야기를 들은 적이 있다. 그 아버지는 그 딸을 위해 대부분의 부모 역할을 감당했다. 한 번은 그 어린 소녀가 엄마 아빠 놀이를 하고 있었다. 그녀는 인형을 안고 있었으며, 누군가가 그녀에게 그녀가 누구인지를 물었다. 그녀가 대답하기를, "나는 아빠예요." 어머니는 어디 있느냐고 묻자, 그녀는 신문 기사를 쓰기 위해 여행 중이라고 말했다. 아무도 교실에 앉아서 그 어린 소녀에게 어머니의 일과 아버지가 자녀를 돌보는 방법에 관하여 정식으로 교육하지 않았다. 그녀에게 이것을 가르쳐 준 것은 환경이었다.

환경은 또한 교회에서도 가르친다. 말 한마디 하지 않고, 우리는 우리가 교회를 설계하는 방식에 따라, 그러한 교회들로 사람들을 환대로 맞이하거나 냉대하는 방식에 따라, 한 교회 공동체로서 서로 관계하는 방식에 따라, 누구에게 발언할 기회가 주어졌는지 누가 그렇지 못한지에 따라 기독교인이 됨의 의미하는 바를 가르친다-열거하자면 끝이 없다. 그것이 적절한 교육이든 또는 그렇지 않음의 문제는 아니다. 핵심은 우리가 무언가를 우리의 환경을 통해서 교육하고 있는가 하는 점이다. 교회의 단상에서 또는 지도자적 위치에서 남자들만을 볼 수 있을 때, 우리는 기독교 신앙에서 여성의 위치에 관하여 무엇인가를 가르친다. 우리가 정규 예배에서 아이들을 제외시킬 때, 우리는 기독교인이 됨의 의미에 관하여 무엇인가를 가르칠 수 있다. 우리의 교육 구조가 학교와 유사하게 설계되어 있을 때, 우리는 암시적으로 우리가 기독교인이 되기 위해 어떻게 학습하게 되는지에 관하여 메시지를 보낸다.

여기서 문제는 환경이 나쁨의 문제가 아니다. 환경은 교육의 필수적이고도 기본적인 부분이다. 우리가 당면한 문제는 인식(awareness)이다. 우리는 교회에서 너무나 흔히 환경의 중요성을 무시하고 교육에서 차지하는 중요한

---

5) Eisner, 97.

역할을 간과하는 것을 본다. 우리는 (주일 아침과 교실 같은 것) 어떠한 상황을 당연하게 받아들이며 이것이 신앙 교육이 이루어질 때라고 우리는 (예배, 교제 만찬, 찬양 연습, 배고픈 걸음걸이, 가정과 같은 것) 교육이 이루어지는 모든 다른 시기와 환경을 놓치며, 이들 환경이 제자 교육의 중요한 우리의 임무를 돕는 방식에 관하여 좀 더 계획적이 될 기회를 잃어버린다. 우리가 환경의 기초 요소를 고려하는 것, 교회에서 우리가 현재 교육적이라고 보는 환경에 대해 인식 하는 것, 환경에 대해 좀 더 폭넓게 고려하기와 신앙 공동체에서 일어날 수 있고 일어나는 교육과 학습의 *장소*(where)를 고려하는 것이 중요하다.

환경: 교회 학교

답변은 거의 언제나 동일하다. *기독교교육*이란 용어를 들었을 때 가장 먼저 떠오르는 것을 말하라고 질문하면, 대부분의 사람들은 "교회 학교"라고 말한다. 나는 학생들, 기독교교육 위원회, 목사님들, 그리고 기타 사람들에 대해 질문해보지만 그 대답은 한결 같다. 기독교교육을 이러한 하나의 특정한 환경과 동일시함은 뿌리 깊이 스며있다.

이 장을 읽은 독자들 대부분이 아마도 유사한 형식으로 답변할 것이다. 결국, 어떤 이들은 교회 학교에 의해 만들어지고 형성되었다. 그것은 우리가 기독교인의 삶에 관하여 교육받아 온 첫 번째 환경 중 하나이다. 그것은 기독교 신앙이 설명되고 교육되며, 공유되고 생존했던 하나의 중요한 환경이었다. 나는 아직도 나 자신의 영적 여정에 중요한 영향력을 끼친 한 사람으로서, 교회 학교 중등부 선생님이었던 K부인을 꼽는다.

원래 영국에서 노동자 계층의 아이들을 교육하기 위한 기관으로서 1780년대에 설립된 교회 학교는, 곧바로 미국에 도입되었고 이 나라에서 유럽이민자들의 정착에 중요한 역할을 한 운동이 되었다. 초창기에, 그것은 교회와 완전히 분리된 위탁기관이었다. 19세기 중반에 들어서야 비로소 교회는 교회 학교 교육을 위한 자체 위탁기관으로 채택하기에 이른다.6) 그때 이래로 기독교교육에 관련된 주요 환경은 많은 이들에게 알려져 왔다.

우리 사회에서 교회 학교의 이미지는 여러 방향으로 대조를 이루어왔다. 잭 세이머(Jack Seymour)는 이렇게 기술하고 있다.

> 200년을 존속해 오는 동안, 교회 학교는 많은 사람들에게 중요한 비중을 차지해 왔다. 어떤 이들에게 그것은 교회의 복음의 팔이며, 어떤 이들에게는 진지한 연구와 교육의 환경이며, 여전히 다른 이들에게는 친근한 복지 단체이다. 그것의 생명은 깊은 자긍심과 신랄한 비판을 초래하였다. 그것의 사역에 대한 평가는 항상 다양성을 띠어왔다. 교회 학교에 관한 모든 긍정적인 말들에 대하여, 그에 맞먹는 비판이 있는 것으로 보인다... 교회 학교는 의견의 극단적인 상태-신랄한 비판과 과도한 칭찬을 불러일으켰다.7)

이들 대조적 이미지는 교회교육(Church Educator)잡지의 1995년 판에서 강조되었는데 그 같은 문제로 교회 학교에 관한 두 개의 기사가 났다. 하나의 표제는 "교회 학교가 해답은 아니다"였으며, 다른 하나는 "교회 학교 성장에 관한 성장의 원동력"을 다루었다.8) 기독교교육에 대한 환경으로서 교회 학교에 관한 엇갈린 의견이 있었음이 명백하다.

우리가 교회 학교에 관해 어떻게 생각하든지, 그것은 교회 교육 환경의 일부이며, 수많은 교회들이, 가능한 최대 인원의 어린이들, 젊은이 그리고

---

6) 주일학교의 역사에 관해 좀 더 알기를 원한다면 Robert W. Lynn and Elliott Wright 의 저서 *The Big Little School: 200 Years of the Sunday School,* 2d ed., rev. (Birmingham, Ala.: Religious Education Press; Nashville: Abingdon Press,1980)를 보라. 또한 Jack Seymour, :A Reforming Movement: The Story of the Protestant Sunday School, in Renewing the Sunday School and the CCD, ed. D. Campbell Wyckoff (Birmingham, Ala.: Religious Education Press, 1986)를 보라.
7) Seymour, 3.
8) Neil MacQueen, "Sunday School Is Not The Answer," *Church Educator*(February 1995):5; 그리고 Wesley Taylor, "Growth Dynamics For Growing Church Schools," *Church Educator*(February 1995): 3-4, 13-14.

장년들에게 기독교 신앙을 소개하기 위해 필요한 환경을 제공하고 있다. 또한 그것은 사람들에게 중요한 양육을 제공하는 환경이 되기도 한다. 거기에는 "교회 속의 교회"가 된 교회 학교 부서가 있다. 나는 그것이 특별한 목회적 보살핌을 제공하는 교회학교라 생각하는데, 그것은 배우자 상실과 자신의 나이에 직면하게 된 육체적 능력의 한계를 가진 노인들로 구성되어져 있었다. 아버지가 돌아가셨을 때, 내 어머니의 교회 학교 목사님이 그녀를 깊이 돌보는 방식을 지켜보면서 이러한 교회학교의 면모를 가족 모두 사실을 경험할 수 있었다.

나는 사역과 서비스에 대한 이러한 환경에 가치를 부여할 필요가 있다고 본다. 교회 학교는 많은 사람들을 위한 양육의 장소가 되어왔으며, 계속 되어질 것이다. 그것은 많은 사람들에게 신앙 알리기를 지속한다. 많은 교회들이 교육 사역으로 수용한 부분이 바로 교회학교이다. 캠벨 웍코프(Campbell Wyckoff)가 말한 바와 같이, 우리는 "교회 학교의 존속과, 존재와 사역 그리고 교회 학교가 가진 잠재적인 미래의 기여도에 대해 높이 평가할 필요가 있다. 적절한 지원과 적합한 자원을 제공하며, 현실적으로 활성화시키며, 그것의 생산성 보다 더하지도 덜하지도 말 것을 요구할 필요가 있다."9)

교회 학교의 장점에 대해 토론을 계속하기보다, 당연한 것으로 받아들이길 권한다. 그것은 교육을 위해 교회에서 시간과 장소를 우리에게 제공하는 기존의 환경이다. 웍코프(Wyckoff)가 제시한 대로, 신앙 교육을 위한 환경으로서 그것이 무엇을 할 수 있으며 무엇을 할 수 없는지에 관하여 현실을 직시할 필요가 있다. 우리는 주일 아침 50분 동안에 충성스런 제자가 되는 방법에 대해 사람이 필요로 하는 모든 것을 가르칠 수 없으나, 약간의 기초적인 내용을 제공할 수 있다. 또한 우리는 그것의 사역에 약간의 자원을 제공할 필요가 있다. 흔히 나는 교회들이 특히 교회 학교가 교육비를 없앰으

---

9) D. Campbell Wyckoff, "As American As Crab Grass: The Protestant Sunday School," *Religious Education* 75, no. 1 (January-February 1980): 34.

로써 재정적 위기를 극복하려함을 듣는다. 만일 이러한 환경이 효과적이라면, 우리는 금전과 사람들을 포함하여, 자원을 제공할 필요가 있다.

그러나, 기독교교육에 대한 이러한 환경을 다루는데 있어서, 우리는 또한 "교회 학교가 기독교 신앙 교육의 전적인 업무를 담당하도록 결코 요구되어진 적이 없다"는 것을 기억해야만 한다.[10] 교회 학교의 초기 지도자들은 이러한 환경을 사람들이 그들의 신앙 여정을 구체화하고 형성했던 교회 안의 몇 개의 기관 중 유일한 것으로 본다. 예배, 설교, 수요일 저녁의 성경 공부, 여전도회, 그리고 교제 시간 모두가 통일체의 중요한 부분으로 보였다. 신앙 교육에서 사람들을 교육하도록 돕는데 협력한 환경들은 교회의 담을 넘어갔다고까지 알려져 있다. 신앙 교육 환경에 대한 "환경"(ecology)으로서 로버트 린(Robert Lynn)에 따르면, 이러한 광범위한 통일체는 부흥회, 교회 출판기관, 공립학교, 교회 위탁기관 및 연구기관, 교단 신학대학과 신학교, 그리고 가족을 포함한다.[11]

이러한 광범위한 환경은 와해되어 사람들이 신앙을 형성한 그 환경을 더 이상 제공하지 못할 기미를 보이고 있다. 교회 담장 안에서 조차, 우리는 그리스도인들을 교육하기 위한 주요 환경으로 교회 학교에 주로 의존하는 것으로 보인다. 교회 학교 시간에 이용 가능한 짧은 시간과 동떨어진, 정기적이고 지속적인 성경 공부는 수많은 교회에서 사라지고 있다. 성경 공부와 봉사를 담당했던 여전도회는 교회 생활에서 한때 그들이 가졌던 두드러진 위치를 더 이상 소유하지 못하게 되었다. 교제 시간조차 교회들이 많은 다른 교인들의 바쁜 라이프스타일에 맞추므로 더 적어지고 드물어진 것 같다.

이러한 낡은 환경의 붕괴에도 불구하고, 여전히 상황의 다양성, 교회의 교육사역이 행해지는 환경과 배경의 폭넓은 기초에 대한 필요성을 인식하는 것이 매우 중요하다. 기독교교육과 동일시되는 교회 학교에 대한 일반적인

---

10) Seymour, 22.
11) Robert W. Lynn, "A Historical Perspective on the Future of American Religious Education," in *Foundations of Christian Education in an Era of Change*, ed. Marvin Taylor (Nashville: Abingdon Press, 1976), 11.

인식은 폭넓은 시각에 장애물이 된다. "우리가 주일 아침 어느 특정한 시간에, 교회 건물의 '기독교교육동' 내에서 일어나는 어떤 일과 기독교교육과 동일시"할 때, 우리는 기독교교육에 대하여 가능한 다양한 환경을 인식하고 사용하는데 크게 제한을 받는다.[12] 나는 기독교인들로 하여금 오늘날 세상에서의 삶과 섬김을 위해 교육하고 준비시키는 소명이 우리로 하여금 상황에 대한 우리의 이해를 넓히며 우리가 신앙을 가르치고 배우는 다양한 환경에 대해 깨어있도록 도전을 준다고 믿는다. 우리는 우리가 할 수 있는 최고의 교회 학교를 만들 필요가 있다. 그러나 좀 더 노력이 필요하다.

환경: 다양한 관점

이스라엘아 들으라. 우리 하나님 여호와는 오직 하나인 여호와시니 너는 마음을 다하고 성품을 다하고 힘을 다하여 네 하나님 여호와를 사랑하라. 오늘날 내가 네게 명하는 이 말씀을 너는 마음에 새기고 네 자녀에게 부지런히 가르치며, 집에 앉았을 때에든지, 길에 행할 때에든지, 누웠을 때에든지, 일어날 때에든지, 이 말씀을 강론할 것이며 너는 또 그것을 네 손목에 매여 기호를 삼으며, 네 미간에 붙여 표를 삼고 또 네 집 문설주와 바깥 문에 기록할지니라(신명기 6:4-9).

1장에서 언급한 바와 같이, 나는 내가 좋아하는 성경 구절인, 이 구절에서 교육에 관하여 많은 통찰력을 얻었다. 신명기의 이 말씀에서 우리는 우리가 가르쳐야 하는 *이유*(why)-사람들로 하여금 그들이 전심으로 하나님 사랑하기를 배우도록 돕는 것- 뿐만 아니라 우리는 또한 바로 도처에 있는 가르치는 *장소*(where)에 관한 어떠한 정보를 얻는다. 성경 기자는 조상들로 하여금 부지런히 가르칠 것과 이 명령에 관하여 그들의 집에서 그리고("이 말씀에 따라" 행함으로) 좀 더 넓은 세상에 참여하게 되었을 때 이야기함으

---

12) Eugene C. Roehlkepartain, *The Teaching Church: Moving Christian Education to Center Stage*(Nashville: Abingdon Press, 1993), 191.

로써 이것을 준행하도록 신앙의 도전을 주었다. 그들은 따라서 그들의 삶과 생명인 이러한 명령, 지식에 끊임없이 결합함을 뜻하는, 그들이 행하는 모든 일에 있어서 그들 앞에 주어진 이 말씀을 지켜야만 했다. 나는 그것이 교육이라고 본다.

모든 성경의 이야기는 오늘날 교회에서 적용되는 것보다 환경에 대해 좀 더 폭넓은 이해를 제시한다. 성경에는 학교가 언급되어 있지 않으며, 그 당시 우리가 알고 있는 것과 같은 학교는 존재하지도 않았다. 신앙적으로 우리 조상들이 이해한 바는 삶 전체가 교육을 위한 환경을 제공했다는 것이다. 이것은 특별히 우리가 신약성경을 보면서 교육이 이루어지는 장소나 사람들을 그리스도인의 삶으로 이끌게 되는 장소들을 유념해 본다면 명백해진다. 예수께서는 특히 환경에 직면했을 때 독창적이셨다. 우리는 그가 회당에서 가르치심(눅 4:31-7)을 보지만, 또한 우물가에서(요한 4:1-42); 산상에서(마 5:1-11); 한 집에서(눅 10:38-42); 잔치 석상에서(눅 5:29-39); 선상에서(막 4:35-41); 들에서(눅 6:1-5); 그리고 걷는 중에(24:13-35) 가르치심도 알 수 있다. 그것은 기독교사가 우리로 하여금 우리가 교육하는 환경이나 상황 문제에 관하여 폭넓은 관점을 갖도록 요구하는 것으로 보여 진다.

교육사역에 관한 근본적 기초 요소와 관련하여 우리의 관점을 넓히도록 도울 수 있는 상황에 관한 기초적 지식으로 어떠한 것들이 있는가? 다음이 확실히 정확한 예는 아니지만, 그러한 세 가지의 견해를 열거해 볼 수 있다.

1. 그것은 가르치는 회중들(공동체)의 전인적 삶이다.

이러한 첫 번째 견해는 그것이 교육하는 전체 교회, 회중이라는 것을 알도록 요구한다. 그것은 가르치는 "교실"이라는 장소에서 일하는 "교사들"이라 불리는 그러한 사람들만이 아니다. 그것은 교회 건물의 담장 안팎에서 사는 삶, 신앙 공동체의 총체적 삶이다. 우리가 한 공동체로서 하는 모든 일들은 예수의 제자가 됨의 의미하는 바를 가르친다.

유명한 종교 교육가인 마리아 해리스(Maria Harris)는, 교육을 위한 환경으로서 공동체에 관한 토론에서 우리에게 다소 중요한 견해를 제공한다. 그녀의 저서 『Fashion Me a People: 공동체에 속하라』에서, 그녀는 신앙 공동체가 함께 삶으로 나누는, 그녀가 일컫듯이 다섯 가지의 기본적인 방법, 또는 "형태"에 관하여 이야기한다. 이러한 형태는 코이노니아(koinonia) 또는 친교, 레이투르기아(leiturgia) 또는 예배, 디다케(didache) 또는 공식적인 교육과 가르침, 케리그마 또는 선포, 그리고 디오코니아(diakonia) 또는 봉사와 선교를 포함한다.13) 해리스(Harris)는 각각 이들을 우리가 "형성"되는 환경, 또는 하나님의 백성들로 교육하는 것으로 본다.

달리 말하면, 제자도에서 교육은 교회 학교 교실의 공식적인 교육 환경에서만 일어나지 않으며, 조촐한 저녁모임 또는 가족 캠프에 참여하기 위해 모였든지 간에, 교제 가운데서도 일어난다. 그것은 주일 아침 예배 또는 위원회 회의가 진행될 동안 전념하는 시간이든지, 예배적 상황에서 일어난다. 교육은 예배 시간에 간증하거나, 특정 문제에 관하여 정의에 대한 입장표명을 위해 교회로서 표결하든지 간에, 우리가 복음을 전파할 때에 일어난다. 그리고 우리는 인도적 차원에서 거주할 집을 건축하거나 또는 기아를 위한 걷기운동을 후원하든, 봉사의 환경을 통해서 그리스도인이 됨을 배운다. 각각 이들 상황 안에서, 교육은 일어나며, 사람들은 그들의 신앙이 형성된다.

교회가 해야 할 일은 각기 이들 상황에 주의를 기울이는 것이다. 내재적 교육과정에 관하여 이 장에서 이전의 토론을 기억하는가? 우리가 인식하든 인식하지 못하든지 간에, 공동체로서 우리가 행하는 모든 것과 행하는 장소는 교육이다. 나는 우리가 만일 기독교 사역에 관한 상황적 기초 요소를 진지하게 받아들인다면, 우리가 신앙 공동체로서 상호작용하는 모든 장소와 환경에 대해 알고 시작할 수 있으리라고 본다. 우리는 우리의 예배, 친교 시간, 우리가 참여하는 사역과 봉사활동 계획, 위원회 사역을 보게 될 것이다.

---

13) 이러한 내용에 대한 심도 깊은 논의를 위해서 해리스 문헌을 보라.

우리는 모든 이러한 환경을 통해 이미 배운 것을 깨닫게 될 것이며, 어떻게 이러한 지식들이 사람들로 하여금 제자로서 성장하도록 도움을 주는지 그렇지 않은지를 알게 될 것이다. 우리는 무슨 일이 일어났는지 그리고 공동체 생활의 각기 상황에서 어떻게 발생하는지에 관하여 좀 더 계획적으로 변모하게 되고, 하나님의 백성이 빚어지게 되는 모든 장소와 모든 방식을 알게 될 것이다.

2. 주어진 환경 안에 눈에 보이는 것 이상이 존재한다.

확실히 우리가 어떤 특정한 상황 속에 처했을 때 만나는 것(교회 학교 교실, 성전, 교회 학교 친교실 등)은 사람들의 그 공동체에 대한 정체성과 가치관에 관하여 알려 준다. 망가진 가구, 부스러진 회벽, 곰팡이 냄새, 지저분한 마룻바닥은 이러한 장소에서 그리스도인이 됨에 관한 메시지를 준다. 상징의 존재 또는 부재(예; 십자가, 현수막, 양초, 그림)와 의자 또는 좌석의 배열까지도 함축적인 방식으로 그리스도인의 삶에 대한 이상을 전달한다. 우리는 확실히 환경에 대한 이렇게 중요한 물리적 특성에 주목할 필요가 있으나, 속담에 이르듯이, 여기에 눈에 보이는 것 이상이 존재한다. 환경에 대한 다른 특성들은 우리가 주목하는 물리적 필요를 초월한다.

A. 환경의 정서적 그리고 태도적 속성

이들 중 첫 번째는 우리가 교육하는 환경의 정서적이고 태도적 속성이다. 나는 사람들이 신체적 위협에 대한 뚜렷한 증거가 없을 때조차 특정한 장소에서 "편안함"을 느낀다 던가, 어떤 환경에서 "안전감"을 느끼지 못한다는 이야기 하는 것을 자주 듣는다. 나는 이러한 순간에 사람들이 환경에 대한 정서적이고 태도적인 특성에 관하여 이야기한다고 생각한다. 이들 특성에 주목함은 어떤 특정 공간의 물리적 상태에 주목하는 것만큼 중요하다.

우리가 내키지 않고, 우리의 신분과 신앙을 표현하기 꺼리거나, 권력이 있어 보이는 사람들에게 위협을 당했다고 느끼는 공간은 많은 학습이 이루어질 수 있는 장소가 아니다. 그러한 정서적 환경에서는 배움과 성장에 진정으로 열려있고자 우리 자신을 방어하기에 너무 급급하다. 안타까운 점은 교회에 그러한 공간이 알려지지 않았다는 것이다. 나는 사람들이 나를 싫어해서가 아니라, 나를 끼워주려고 아무런 노력도 하지 않았기 때문에, 내가 달갑지 않다고 느끼는 공동체에 속해왔다. 나는 교사와 학생들에게 놀림당하고 핀잔을 받을까 두려워 나의 신앙 고백하기를 염려해 가면서 교회 학교 수업을 들었다. 사실 조롱은 노골적일 필요도 없다. 그것은 누군가가 "또 시작이군"이라고 말하거나 말하기 시작했을 때, 선생님이 눈을 부라리는 것만큼이나 미묘할 수 있다. 이것들은 유익한 학습이 이루어지는 상황이나 장소가 아니다.

훌륭한 정서적, 태도적 공간, 학습이 이루어지는 공간을 형성하려는데 무엇이 도움이 되는가? 나는 그러한 장소에 대해 적어도 세 가지의 핵심적 속성이 있다고 본다. 이들은 환대, 개방, 그리고 편안함이다.[14] 환대란 다른 이들을 따뜻하고 배려하는 태도로 영접하는 행위를 말한다. 즉 사람들로 하여금 환영받고 있다고 느끼게 하는 것이다. 교육적 상황에서, 그것은 또한 새로운 사상과 개념을 기꺼이 수용하는 것을 의미한다. 우리는 위협이 아니라, 배우고 성장하도록, 다른 관점과 견해를 나누고 이것들을 수용하도록 사람들을 격려한다. 성경적 전통은 나그네를 환대하고, 환영하는 장면들이 풍부하다. 히브리서 기자가 이르기를, "손님 대접하기를 잊지 말라 이로써 부지중에 천사들을 대접한 이들이 있었느니라"(히 13:2). 우리가 우리의 기독교 신앙을 배우며 성장하기를 추구하는 것과 같이, 환대의 태도는 하나님께서 개인적으로나 교회적으로 우리의 삶에서 행하길 원하시는 새로운 사역에 열려있게 한다.

개방성의 속성은 자유와 상호관계로 특징 지워지는 환경에 대한 필요성에 주목할 것을 요구한다. 사람들은 그들의 사고와 감정을 나누고, 질문하고, 비난이나 놀림에 대한 두려움 없이 까다로운 문제와 씨름하기를 주저하지 않는다. 개방된 장소는 우리로 하여금 "우리 주위와 우리 안에서 발견되

---

14) 여기서 제시한 상당부분의 내 논의는 Parker Palmer의 문헌 *To Know As We Are Known*(San Francisco: Harper & Row, 1983)에서 빌려왔다.

는 학습에 대한 장애요소들을 제거하도록" 요구한다.15) 종종 교육적 환경에서 사역할 때 장애 요소들 중 하나는 무지가 드러남에 대한 두려움이다. 그것은 "모르겠습니다," 또는 "이해가 안됩니다"라고 말하기 어렵게 만든다. 그러나 학습은 "모르겠습니다, 그러나 배우고자 합니다"라고 말할 수 있는 능력과 함께 시작된다. 교회에서 사역할 때 또 다른 장애 요소라고 생각되는 것은 어떠한 성직자, 교육자, 선생님, 부모가 권위적이어서 모든 해답을 가지고 있는, 내가 "권위주의"라고 칭하는 것이다. 그들은 모험하고, 차별화하고, 또는 새로운 개념을 시도할 자유가 거의 없는 환경을 만든다. 그러한 환경에서는 전적으로 차단되지 않았다면, 학습은 실제로 제한을 받는다.

안전감의 속성을 마지막으로 언급하고자 한다. 우리는 오늘날 세상에서 "안전한 장소"에 관하여 수없이 들어왔다. 하나의 사회로서 우리는 학교와 공공장소의 바로 담장 안으로, 고속도로 위로, 우리의 가정 안으로 옮겨온 폭력과 날마다 싸운다. 나는 물리적인 폭력이 보다 넓은 사회에서 발붙일 곳이 없어야 하는 것과 마찬가지로, 단호하게 신앙 공동체 내에서 여지가 없음은 두말할 필요가 없다고 본다. 그러나 물리적인 것뿐만 아니라 다른 폭력들이 존재하며, 이들 또한 주목할 필요가 있다. 우리가 어떤 사람을 비하하고, 그를 조롱하거나, 빈정거림과 비웃음으로 대꾸할 때, 우리는 폭력을 지속하는 것이며, 교회의 교육적 환경에서 이에 대한 여지가 없어야만 한다. 제자를 양육하기를 추구하는 환경에서는 안전한 공간, 어떠한 종류의 폭력에도 자유로움이 고려되어야만 하며, 대신에 은혜와 사랑의 보살핌이 이루어져야만 한다.

B. 환경의 문화적 속성

"학습은 언제나 문화적 환경에서 이루어진다"16)는 말과 함께, 엘라 미첼(Ella Mitchell)은 우리의 교육적 노력에서 문화의 중요성을 일깨워준다. 우리가

---

15) Ibid., 71.
16) Ella P. Mitchell, "Oral Tradition: Legacy of Faith for the Black Church," *Religious Education* 81, no. 1 (Winter 1986): 93.

교육하는 환경은 항상 그들이 뿌리내리고 있는 문화에 의해서 형성된다. 독일 이민자들이 정착한 한 작은, 중서부의 농촌 안에 위치한 한 공동체(교회)는 주요 서부 해안 도시에 위치한 대형의 도시, 중국계 미국인 공동체(교회)와 같이 똑같은 문화적 환경을 공유하지 않는다. 각기 이들 환경 내에는 세상에 대한 일정한 관점, 인간에 대한 일정한 이해력, 자연스럽고 적절해 보이는 교육과 학습에 대한 일정한 형식들이 있다. 동일한 환경 안에서 교육적인 "사역"은 다른 면에서 반드시 유용하지는 않을 것이다. 다시 한 번, 우리는 사람들로 하여금 성장하게 하고 성장을 돕는 방식으로 교육하기 위하여 획일적인 견해를 버려야만 한다.

미첼(Mitchell)은 다른 공동체들이 교육적 과제에 있어서 그들을 돕기 위해 항상 "문화적 매개체"[17]를 사용했음을 제시한다. 그것은 교육적 과제에 있어 우리 자신이 애쓰고 있음을 알 수 있는 이러한 문화적으로 민감한 접근들을 간과했을 때 보인다. 그녀가 제시한 문화적 상황의 한 예에서, 미첼은 아프리카계 교회는 아프리카 공동체의 풍부한 구전적 전통에 뿌리박은 교육 도구인, 이야기(storytelling)에 대하여 지나치게 인쇄물에 의존할 때 교회의 중심적 문화 매개체 중 하나를 잊어버림으로 교육적 생명력을 다소 잃게 됨을 시사한다.

농촌에서 아이들과 함께 일할 때 주로 도시 생활의 이야기와 예를 사용함은 문화적 매개체의 중요성을 간과하는 것이다. 중국계 미국인 교회의 한 교회 학교 교실 벽에 유럽계 미국인의 사진만 걸려 있다면 문화적 전달 수단의 중요성을 무시하는 것이다. 우리가 환경의 문화적 속성에 민감해 있을 때, 우리는 사람들로 하여금 그들의 정체성을 갖게 하며 복음과 그것이 그들의 삶에 의미 하는 바 그리고 신앙을 성장케 하는 그러한 문화적 매개체를 찾게 된다.

3. 환경은 교회 건물의 문 너머로 이어진다.

이전에 언급한바와 같이, 교육이란 공동체의 삶 전체이다. 이제 우리는

---

[17] Ibid., 95.

한 공동체가 오직 주어진 교회 건물의 담장 내부에서의 삶을 나누는 것뿐만 아니라 교회 건물의 문 너머에 흩어져 있는 사람들로서의 삶을 또한 체험하는 것임에 또한 주목하기 위한 이러한 진리를 확대한다. 때때로 그것은 교회 너머의 삶을 간과하고 이러한 삶이 우리에게 신앙 교육을 위한 환경 역시 제공한다는 사실을 망각하기 쉽다. 실제로, 나는 교회 담장 밖에 위치한 기독교교육에 대한 가장 중요하나, 자주 간과되는 두 가지의 환경을 제안한다. 이것들은 (1) 가정과 가족 그리고 (2) 사역과 봉사이다.

"더 좋게 또는 더 나쁘게, 우리 가족들은 교회와 학교를 포함하여, 사회의 어떤 다른 기관 보다 우리의 성격, 가치관, 동기부여, 그리고 신앙에 가장 큰 영향을 끼친다."[18] 교회에서 우리의 모든 노력에 대하여, 가족의 신앙적 체험은 아이들의 신앙 발달의 핵심이며, 조사에 따르면 가정 내에서의 가족의 신앙 행위는 한 세대에서 다른 세대로 갈수록 퇴보하는 것으로 보인다.[19]

우리는 가정 내에서의 신앙 교육에 관한 가족의 태만에 대하여 수많은 변명을 듣는다. 바쁜 일정들, 부모님의 맞벌이, 그리고 어른과 아이들 모두 너무나 많은 활동으로 인해, 하루 중 가족끼리 신앙을 나눌 충분한 시간은 마련되지 않는다. 그것은 가족들이 대부분의 식사를 함께 나누고, 식사 전 감사 기도를 드리며 식사 중 모든 종류의 화제가 있는 시절은 지나간 것으로 보이게 한다. 크리스마스나 부활절 같은 중요한 종교적 휴일을 극복할 수 있는 가족이 없다시피 한 상업주의의 바다에 빠져있다.

그러나, 나는 이것을 "부모 탓하기"의 문제로 삼고 싶지 않다. 나는 교회가 우리의 신앙 발전의 환경으로서 가정과 가족의 중요성을 간과함으로써 가정 내에서의 신앙 행위의 이러한 퇴보에 커다란 역할을 했다고 생각한다. 나의 친구 중 하나는 지방의 한 교회에서 가족들과 아이들을 목회하고 있다. 부모들이 그녀에게 들고 오는 끊임없는 염려는 그들의 자녀들과 신앙

---

18) Roehlkepartain, 167.
19) Ibid., 171.

문제에 관하여 이야기하면서 싸우는 이다. 그들은 무엇을 해야 할지 또는 어떻게 해야 할지 모르며, 대개 교회는 그들의 과제에 도움이 되지 못했다. 그녀가 개최하는 가장 일반적인 행사는 아이들과 기도하는 방법, 아이들만이 질문할 수 있는(그들의 애완용 고양이가 죽어서 천당에 갔는가?와 같은) 그러한 어려운 질문들에 대답하는 방법, 또는 세례, 성찬식, 부활 등과 같이 중요한 신학적 개념의 의미를 아이가 이해할 수 있는 방식으로 설명하는 방법과 같은 주제들과 관련하여 부모들과 함께 연구하는 워크숍 같은 것들이다. 그녀는 또한 부모들이 그들이 맞게 되는 상업적 아이콘 보다 크리스마스와 부활절을 거룩하게 보내는 방법에 관해서도 도움받길 원함을 알았다.

우리가 교회 건물의 담장 밖의 그러한 상황에 우리의 시각을 확대할 때, 우리는 가정과 가족이 기독교교육에 대한 중요한 환경임을 알며, 창조적이고 의미 있는 방식으로 이러한 환경에 참여하여 일할 필요가 있음을 안다. 그것은 아이가 태어났을 때, 부모는 그들이 자녀의 첫 번째 신앙의 교사가 된다 할지라도, 이 아이에 대한 신앙 교육을 실시하는 방법에 관하여 이야기 해주는 지침서를 제공받지 못함을 인정하는 것에서 시작된다. 그들은 맨 처음부터 도움과 조력을 필요로 하며, 광역 교회는 안내서를 제공하며, 부모들이 가정에서 그들 자녀의 신앙적 양육을 위한 환경을 만드는 것을 도움으로써 함께 할 수 있다.

기독교 공동체에서 어떻게 여기에 접근할 수 있는지에 대한 예는 다른 종교 단체에서 행하는 것들을 바라볼 때 알 수 있다. 새인트 루이스(St. Louis)지역에 있는 유대교 교육 중앙 기관은 신앙 교육자로서의 부모의 문제를 다루기를 추구하는 "우리의 유대인 가정"이라고 불리는 프로그램을 개발하였다.[20] 미조리주(Missouri)부모 교사 프로그램에 기초하여, 가정을 신앙 교육을 위한 최우선적 환경으로서 요구하는 이러한 노력은 부모들이 기도 학습, 특별한 의식, 노래, 그리고 그들의 유대적 전통을 가르

---

20) Patricia Rice, "Program Here Gets Grant to Teach Tradition to Young Jewish Families," *St. Louis Post-Dispatch*, 13 January 1996, sec. D.

치며 보존하는 것을 돕는데 사용할 수 있는 기타 행위들을 돕기 위해 가정으로 가서, 예비 학교 아이들의 부모들과 함께 일하는 훈련된 평범한 교사들을 사용한다. 가족들은 또한 프로그램에서 다른 사람들과 함께 그룹 교육 활동에도 참여한다. 나는 작은 사고와 노력으로 지역 교회가 다른 교회들과 연합하여 이러한 발상을 이끌어 낼 수 있다고 본다. 그들은 가정을 기독교교육을 위한 환경으로 고려하는 그들의 환경에 적합한 프로그램을 개발하며 그들의 노력으로 부모들과 확대 가족들에게 도움이 되는 자원을 제공할 수 있을 것이다.

우리의 교육적 노력에 있어서 교회의 담장을 넘어서게 하는 다른 환경은 사역과 봉사의 환경이다. 나는 교회가 세상에서 사역과 봉사로 지칭됨에 우리 모두 전적으로 동의한다고 생각한다.

그러나 나는 우리가 참여하는 사역과 봉사가 또한 교육과 학습을 위한 중요한 환경임을 깨닫고 있는지 확신할 수 없다.

나는 체험적 교육이 중요한 교육적 모범임에 논쟁의 여지가 거의 없다고 믿는다. 그것은 무언가에 관하여 이야기를 듣는 것이며, 사실과 정보가 주어지는 것이다. 실제로 이러한 사실과 정보를 얻는 것과 그것들을 활용하는 방법은 별개이다. 예를 들면, 우리는 배고픈 자를 먹이는 것에 관하여 교회학교 교실에서 우리가 원하는 모든 것을 이야기할 수 있다. 그러나 우리는 실제로 급식 사역에 참여함과 우리 이웃의 가난한자와 주린 자를 만남으로써 학습의 또 다른 수준으로 옮아간다. 교회에서 우리는 사역과 봉사를 보는 차원을 넘어 단순히 "선을 행하는"방식으로서 옮길 필요가 있으며 또한 예수의 제자가 되는 것이 의미 하는 바에 관한 학습에 대한 중요한 환경으로서 이러한 환경들을 제시할 필요가 있다.

최근에 공교육과 신앙 교육 모두에서 해법을 찾은 교육과 학습의 새로운 모범은 "봉사학습"이라 불리는 모범이다.[21] 봉사를 단순히 남을 돕는 것으

---

21) 교회 안에서 봉사학습에 대한 개념과 적용에 대한 논의를 위해서 Peter Benson and Eugene Roehlkepartain, *Beyond Leaf Raking: Learning to Serve/Serving to Learn* (Nashville: Abingdon Press, 1993)를 보라.

로 이해하기보다, 봉사를 이러한 교육 과정은 또한 학습과 성장과 발전을 위한 수단으로 본다. 조사연구가 이 주장을 뒷받침하기를 봉사는 선을 행하는 목적을 위해 행해지는 것뿐만 아니라 또한 사람들이 그들의 신앙이 성장하고 성숙해짐을 돕는 학습의 수단을 위해서이다.[22] 그것은 교회가 담장 너머를 보며 사역과 봉사를 기독교교육을 위한 환경으로 인정하는 것이 지극히 중요해 보인다. 사람들을 그러한 환경에 관련시키며 봉사하기뿐만 아니라, 일어날 수 있는 학습에 관하여 계획적이 될 것을 추구할 필요가 있다.

요약

다양한 방식으로, 나는 이 장에서 당연한 것을 말해왔다고 생각하지만, 종종 우리가 보기를 중단했음이 분명하다. 익숙한 길을 따라 차를 몰고 집 또는 직장으로 향하는 것과 같이, 우리는 경치 "보기"를 멈추었다. 환경에서도 똑같은 일이 발생한다. 우리가 그것을 너무 당연한 것으로 여기므로, 우리는 교육 사역의 이렇게 중요한 면을 보기를 멈추며 반영하기를 멈춘다. "당연한 것의 횡포"에 사로잡히면, 우리는 우리가 일어나길 바라는 교육과 학습을 진정으로 돕는 방식으로 교육의 환경을 선택하고 구체화시킬 능력을 잃는다.

나의 복학생 제자가 말한 대로, 환경이 전부는 아니지만, 우리가 주목해야하는 교육적 노력과 기본 원칙에서 중요한 한 요소이다. 환경이 가르치며, 우리의 교육적 환경의 상태와 특성이 중요하다. 교회에서, 우리는 교회학교와 함께 시작되나 사람들로 하여금 그들의 그리스도인 정체성이 성장하도록 양육하기 위하여 가능한 환경의 넓이와 깊이 보기로 옮아가는, 우리가 사용하는 환경에 관하여 고려할 필요가 있다. 우리가 교육 사역이 발생하

---

22) Benson and Roehlkepartain 는 이러한 주장에 대한 연구와 증빙자료를 제공하고 있다.

는 장소에 대한 비전을 확대할 때, 우리는 우리가 교육하고 학습하는, 지혜가 성장하는, 그리고 우리가 부르심을 입은 제자가 되는 기회들이 확대된다.

숙고와 적용

다음의 연습 문제는 독자들로 하여금 이 장에서 제시된 개념의 수용을 위해 돕기 위해 제공되었다.

1. 이 장에서 예를 인용하고, 본인이 생각하는 다른 의견을 첨부하여, 자신의 교회에서 사용 한다고 생각되는 기독교교육에 대한 모든 환경들을 목록화하라. 목록을 이용하여 다음과 같이 하라.

    a. 자신의 교회 구성원 대다수가 기독교교육을 위한 환경으로서 뚜렷하게 인식하고 있다고 생각하는 각 환경별로 체크 표시를 하라.
    b. 자신의 교회 구성원 대다수가 기독교교육을 위한 환경으로서 뚜렷하게 인식하지 못하고 있다고 생각되는 각 환경별로 마이너스(-) 표시를 하라.

    목록을 분석하라. 어떻게 나와 있는가? 자신의 교회 구성원들이 환경의 중요성과 가능한 환경의 다양성에 대한 인식을 향상하기 위해서는 무엇을 해야 하는가?

2. 자신의 교회가 국제적인 방식으로 채용하거나 사용하지 않는다고 생각하는 기독교교육에 대한 그러한 환경들의 목록을 작성하라. 그러한 환경의 채용을 시작하기 위해서 무엇을 필요로 하는가? 개인적으로 또는 위원회로서 무엇을 할 수 있는가? 가장 첫 번째 단계는 무엇인가? 그러한 첫 번째 단계를 따르기 위해서는 무엇을 필요로 하는가? 자신의 특정 교회 구성원들에게 새로이 적용할 간단한 전략을 약술하라.

3. 자신의 교회 시설을 걸어서 둘러보되 가능한 그룹으로 하라. 둘러보기 전에 어쩌면 기독교에 관하여 익숙하지 않을지라도, 처음 방문하여 이 교회에 대해 전혀 아는 바가 없다고 상상하라. 자신의 모든 오감을 열고 이러한 체험에 들어가 자신의 주위에 있는 것을 가능한 만큼 인지토록 하라. 다음의 제안들은 당신의 체험을 안내하기 위해 제공 되었다.

   a. 거리의 간판 또는 교회 주차장 입구 같은, 사람이 당신의 시설을 제일 먼저 방문하는 지점에서 시작하라. 당신의 환경에 주목하라. 무엇을 보고 들었는가? 이 교회, 그것의 정체성, 교회 자체에 관한 이해에 관하여 환경이 무엇을 말해 주고 있는가?
   b. 찾기 쉬운 문을 통해 건물 안으로 들어가라. 다시 한 번 걸음을 멈추고 이 장소에 주목하라. 무엇을 느끼는가? 어떻게 당신을 환영하고 있다고 보는가? 가까이 다가갈수록 무엇을 그리고 어떻게 느끼는가? 교회 자체에 대한 구성원들의 이해와 이곳을 방문 하는 사람들에 관하여 무엇을 말하고 있다고 보는가?
   c. 간판과 상징물과 그 장소를 안내하는 방식에 주목하면서 건물 안을 천천히 이동하라. 정기적으로 발걸음을 멈추고 당신이 보고, 듣고, 느끼는 것에 주목하라. 감상에 집중할 수 있도록 가능한 한 그룹 내에서 이야기를 자제하라. 자유롭게 실내에 들어가서 의자와 좌석에 앉아 보고 최대한 느낄 수 있는 만큼 환경을 체험하라.
   d. 건물 안에서 이동하면서 다음과 같은 질문을 계속 하라.

      (1) 이 장소에서 그리스도인이 된다는 것이 무엇을 의미한다고 보는가?
      (2) 이 사람들에 관하여 환경이 당신에게 무엇을 알려주고 있다고 보는가? 그들에게 무엇이 문제라고 생각하는가? 무엇을 간과했다고 보는가?

둘러보기가 끝나면, 그룹으로 모여서 다음과 같이 토론하라.
 i. 이러한 체험이 어떠했는가? 무엇을 깨달았는가? 환경에 관하여 무엇을 배웠는가?

ii. 환대, 개방성, 안전감의 속성에 관하여 생각해 보라. 이러한 속성의 관점에서 볼 때 당신이 돌아 본 장소를 어떻게 평가하겠는가?
iii. 장소에 관한 문화적 속성에 관하여 생각해 보라. 기독교에 관한 교육과 학습에 대하여 그 장소에 나타나 있는 어떠한 "문화적 매개체"를 보았는가?
iv. 환경에 관하여 무엇을 배웠으며, 나머지 교회 구성원들과 이러한 지식들을 어떻게 공유하겠는가?

4장

내용: 무엇을 알아야 하는가?

나는 교회에서 상당히 규칙적으로 반복되는 두 가지의 질문을 듣는데, 특히 교회들이 가을에 시작하는 새로운 교회 학교를 위한 계획을 세울 때인 늦은 봄 또는 여름이다. 질문들은 "우리가 연구하려는 주제들은 무엇인가?" 그리고 "어떠한 교육과정을 사용할 것인가?"이다. 이것들은 내용에 대한 질문, 우리가 신앙 공동체 내에서 가르치고, 연구하며 배우고자 하는 것들이다. 내용은 교회 사역의 중요한 부분이며, 우리의 주의와 사고를 요하는 확연히 중요한 근본적 기초 요소이다.

일반적으로 우리의 토론에서 "교육과정"이라는 언어를 사용, 교회의 기독교교육에서 우리가 정기적으로 내용을 다룸에도 불구하고, 중요한 기초 요소가 지역 교회에서 얼마만큼 신중하게 고려되었는지에 관하여 우려가 된다. 우리가 토론한 다른 기초 요소들과 같이, 우리는 종종 우리 모두가 그것의 정의에 관하여 동의하며 우리가 연구하고 학습해야 할 필요가 있는 내용에 관한 일반적인 이해가 있다고 가정한다. 그러나 나는 교회에서 사역의 내용에 관한 약간의 통념들, 우리의 분별력을 혼란케 하고 흐리게 하는 통념들이 존재한다고 본다.

1. 내용은 사실과 정보와 관련이 있다. 내가 교회에 영향을 미치고 있다고 보는 통념 중 한 가지는 내용은 단지 사실과 정보뿐이라는 것이다. 나는 한 교회의 구성원들이 아이들과 청년들에 대한 "성경 알기"의 필요성에 관해 이야기하는 것을 들을 때 사역에서 이러한 통념을 알아챈다. 다시 말하면, 그들은 이들 젊은 사람들이 성경이 포함하고 있는 "정보"를 알아야 할 필요성에 관하여 이야기 하는 것을 깨닫는다. 장들에 관한 말씀, 구절 암기하기, 십계명 암송하기, 주기도문, 성경책들의 이름 등에 관해 강조한다.

내용에 대한 이러한 정의는 무엇인가에 관하여 아는 것의 중요성, 즉 인식을 강조한다. 수많은 통념들과 마찬가지로, 여기에 진리의 근원이 존재한다. 성경에 관하여 아는 것이 매우 중요하다. 그러나 만일 우리가 단지 인식, 사실과 정보만을 얻는데 우리의 이해력을 제한한다면, 우리가 "영향력 있는"

지식이라 부르는 감정과 태도의 중요성을 간과한다. 우리는 또한 우리 지식의 행동 범위, 기독교 공동체에 대한 내용의 중요한 부분을 놓친다.

우리는 성경에 관하여 알아야 할 필요성뿐만 아니라, 또한 우리의 삶에서 그것의 진리와 식견을 구체화하는 방법, 즉 바꿔 말하면, 오늘날 세상에서 그리스도인으로서 살아가는 방법에 관하여 알아야 할 필요성이 있다. 예를 들면, 마태복음 25:31-46에서 주린 자에게 먹을 것을, 목마른 자에게 마실 것을, 벗은 자에게 입을 것 등을 주라는 예수님의 교훈에 *관하여*(about) 아는 것이 그 한가지이다. 그것은 우리 자신의 공동체 내에서 행하는 *방법*(how)을 아는 것과는 별개이다. 내용에 대한 우리의 관점을 단지 사실과 정보에 국한시키는 것은 학습할 기회와 예수의 제자로서 성장할 기회를 제한시킨다.

2. 내용은 일련의 교육 자료이다. *내용*(content)이라는 단어의 언급, 또는 교회에서 보다 친근한 용어 *교육과정*의 사용 그리고 가능성은 "교회 학교에서 아이들에게 끊임없이 써넣기를 요구하는 지루한 학습장들로 채워져서 외진 장소에 포개져 쌓여 있는 상자의 모습들"을 떠올리게 될 것이다.[1] 내가 신학교 학생들 또는 지방 교회들에 내용에 관한 질문을 제기할 때, 대개 대화는 그들이 사용하고 있는 인쇄, 출판 자료들에 관한 토론으로 시작된다. 그들의 교회에서 사용하고 있는 것에 관하여 질문하면, 사람들은 일반적으로, "*매혹적인 말씀*(The Inviting Word)을 연구하고 있어요," 또는 "*성경 발견*(Bible Discovery)을 사용 합니다"라고 대답한다. 다른 말로 하면, 그들은 그들이 사용하고 있는 교육과정 자료들을 이야기하는 것이다. 다음과 같은 말들은 좀처럼 듣기 어렵다. "오늘날 세상에서 그리스도의 제자가 된다는 것이 무엇을 의미하는지를 연구하고 있습니다, 그리고 우리가 사용하는 있는 자료들은..." 독자는 다른 말을 들을 수 있으리라 생각한다.

---

1) Maria Harris, *Fashion Me A People: Curriculum in the Church* (Louisville: Westminster/John Knox Press, 1989), 7.

이러한 통념의 존재는 우리가 연구할 필요가 있는 것, 또는 이 장의 제목이 상기시켜 주는 바와 같이 우리가 알아야 할 필요가 있는 것을 깨닫는 능력을 제한할 수 있다. 3장의 환경에 관한 토론에서, 우리는 마리아 해리스(Maria Harris)가 우리가 교육하는 환경에 관한 이해를 확대하도록 교회에 제안하는 도전에 관하여 이야기했다. 나는 또한 그녀의 내용이 무엇인지에 관한 우리의 이해를 넓히며, 인쇄 자료의 한계를 넘어 알 수 있도록 도전을 준다고 생각한다. 그녀가 말한 바와 같이, 교육함은 "*그것이 교회적 삶의 전체 과정*"[2]이며, 우리는 교회 생활을 통하여 내용-우리가 알아야 할 것들-을 깨닫는다. 우리는 예배란 무엇이며, 어떻게 예배해야 하는지, 선포란 무엇이며, 어떻게 선포해야 하는지, 섬긴다는 것이 무슨 뜻이며, 어떻게 공동체 안에서 조화를 이루어야 하는지를 알아야할 필요성이 있다. 이러한 모든 것이 교육적 사역의 내용이다.

우리의 첫 번째 통념에서와 같이, 이러한 통념에도 진리의 근원이 존재한다. 우리가 사용하는 자료들은 우리가 연구하는 내용의 일부이며, 우리는 이것들을 신중하게 생각하고 고심하여 선택할 필요가 있다. 우리는 나중에 이것을 더 자세하게 살펴보게 될 것이다. 모든 훌륭한 교사들이 아는 바와 같이, 우리가 깨달아야 할 필요가 있는 것은, 교육하는 교육 과정 자료가 아니며, 내용을 결정하는 자료들도 아니다. 자료들은 단순히 우리로 하여금 연구할 수 있도록 도와주며 우리가 알아야 할 것을 학습하는 것을 도와주는 도구일 뿐이다.

3. 성경은 실제로 중요한 내용이다. "우리는 성경을 가르쳐야 한다." 나는 교회에서 이 말을 무수히 반복적으로 듣는다. 나는 나의 박사 연구 논문의 일부로서 교회 학교 교사들을 면담하면서 들었다. 성경의 이야기를 가르치는 것과 성경을 가르치는 것은 이들 교사들의 주요 관심사였다. 한 교사가 말한바와 같이, "나는 아마도 가장 중요한 것이...이 아이들이...확신을 갖

---

2) Ibid., 63.

게 하는 성경에 관한 많은 지식이라고 생각합니다."3) 이것은 실제로 중요한 성경이 주요 관심사라는 무조건적인 믿음을 암시하므로, 만일 우리가 성경에 관하여 가르친다면, 우리는 우리의 책임을 다하는 것이다.

오해하지 말기를 바란다. 나는 성경이 지역 교회에서 가장 중요한 주제라고 생각한다. 우리는 그리스도인으로서 우리의 핵심적 정체성을 형성하는 이야기를 알아야할 필요가 있다. 그것은 우리의 신실하고도 전적인 주의를 요청하는 내용이다. 우리가 가르쳐야 할 내용의 주요 부분으로서 성경을 무시함은 기독교 공동체의 미래를 위태롭게 한다. 그러나 내용을 오직 성경에만 국한시키는 것은 우리로 하여금 사람들이 위임을 받아 오늘날 세상에서 신실한 제자가 되기 위해 필요한 지식에 충만하도록 돕는 것을 방해한다.

앤 윔벌리(Anne Wimberly)는 그녀의 아프리카계 미국인 교회에서 성장한 기독교교육의 한 모범인, "이야기-연결"(story-linking)에 관한 그녀의 토론에서 교회에서 우리가 연구해야만 하는 다른 중요한 "주제들"에 대하여 상기시켜준다.4) 그녀는 교회의 교육 사역에서 대화로 끌어들여, 함께 연결시킬 필요가 있는 세 종류의 이야기들에 관하여 말한다. 사람들은 그들 자신의 삶의 이야기들을 연구하고, 그들을 만들고 형성하는데 도움이 된 것들을 알아야 할 필요가 있다. 그들은 그들의 전통적 이야기를 연구할 필요가 있으며, 그들의 특정한 인종과 민족적 배경과 그들을 만들고 형성하는 특정한 종교적 관점을 알아야 할 필요가 있다. 그리고 마지막으로, 성경에 있는 그리스도인 이야기를 연구할 필요가 있으며 그리스도의 제자로서 부르심을 입은 우리의 비전을 알아야 할 필요가 있다.

---

3) Karen Tye, "Those Who Teach: A Qualitative Investigation of How 'Church School Teacher' Is Described and Defined by Selected Local Presbyterian Church School Teachers" (Ed.D. diss., Presbyterian School of Christian Education, 1987), 82.
4) 스토리-연결 접근(the story-linking approach)의 심도 깊은 논의를 위해서 Anne Streaty Wimberly, *Soul Stories: African American Christian Education* (Nashville: Abingdon Press, 1994)를 보라. 아울러 Susanne Johnson은 *Christian Spiritual Formation in the Church and Classroom* (Nashville: Abingdon Press, 1989)에서 우리가 참여가 필요가 있는 스토리에 대한 중요성과 다양한 종류의 스토리에 대해 논의하고 있다.

윔벌리(Wimberly)는 우리로 하여금 교회의 교육 사역에서 *사람*들이 가장 중요한 주제라는 점을 인식하도록 돕는다. 그들은 만들어지고 형성되도록 우리가 도와야 할 하나님의 *사람*들이다. 그들의 일상 체험과 이야기들, 그들의 문화적 유산과 그 이야기들은 모두 주제의 "수많은 층들"[5]의 일부이며, 기독교교육의 내용에 관한 중요한 관점으로 이해되어야 한다. 그들이 우리가 선호하는 관심을 가지고 성경을 연구하든지 간에, 교회에서 어린이들은 그들 주위의 사람들의 삶을 연구하며, 그러한 신앙 공동체 안에서 그리스도인이 된다는 것의 진정한 의미를 그러한 삶으로부터 배운다.

4. 내용은 기독교교육 위원회와 교회 학교 교사들의 관심사이다. 이러한 통념은 일반적으로 기독교교육과 관련된 다른 통념과 상당 부분이 공통 된다. "기독교교육은 나머지 교회 생활과는 별개이다."[6] 서론에서 논의한 조사 기관 연구는 많은 교인들이 기독교교육을 예배, 위원회 회의, 휴식 시간, 조촐한 저녁모임, 봉사 계획, 그리고 기타 등과는 관련이 없는 것으로 본다는 증거를 발견하였다. 나는 내용과 관련하여 유사한 관점이 사역에 존재하며 우리가 내용에 관한 질문과 문제를 교육 위원회와 교회 학교 교사들에게 위임하는 전체에 존재한다고 본다. 그것은 이들 위원회와 교사들이 내용과 관련이 없다는 것이 아니라, 이러한 방식으로 이같이 중요한 기본 원칙에 대한 우리의 토론을 제한하는 것은 교회에 잘 부합되지 못한다.

나는 몇 년 전 한 지방 교회의 예배 위원회에서의 봉사를 기억한다. 그 해에 나는 이 위원회에서 일하였고, 우리는 명백히 불러야 할 찬양, 사용할 기도문, 어린이들을 예배에 참석시켜야 할지의 여부 등과 같이, 내가 중요한 내용 질의라고 간주하는 것을 다루었다. 그러나 우리는 내용에 대한 다양한 문제의 차원에서 우리가 하고 있는 사역, 그리고 그리스도인으로서 우리가 알아야 할 필요가 있는 것에 관한 이야기는 하지 않았다. 우리가 찬송가를

---

5) Harris, 66.
6) Eugene C. Roehlkepartain, *The Teaching Church: Moving Christian Education to Center Stage*(Nashville: Abingdon Press, 1993), 32.

선택했을 때, 일반적으로 그것이 그 주일의 설교 주제에 맞는지 어떤지의 여부에 관하여 평가되었다. 우리는 그리스도인의 여정에 관하여 우리를 "교훈"하는 점에서 찬송가의 내용에 관하여 질문하지 않았다. 우리는 우리가 의도적이었는지 아닌지, 사람들이 그러한 찬송가의 가사에서, 기도문의 언어에서, 예배 체험의 참여에서 그리스도인이 됨의 의미하는 바에 관한 지식과 통찰력을 얻을 것인가 하는 점을 놓친 것으로 보였다. 만일 내용에 관하여 생각해 보라는 질문을 받는다면, 나의 예감은 그 위원회의 구성원들 대부분이 내용, 또는 교육 과정을 만들거나 결정하는 것은 기독교교육 이사회의 책임이라고 대답할 것이다. 예배 위원회가 예배를 계획하였다.

   만일 마리아 해리스가 옳고, 내가 그녀를 인정한다면, 교회의 총체적 삶은 사람들의 신앙 교육을 하는 것이며, 우리는 내용에 관한 그러한 결정들을 연구하고 가르치며 배우는 것이 단지 기독교교육 위원회와 교회 학교 교사들을 위한 결정들이 아님을 알아야만 한다. 우리는 예배, 봉사, 친교 시간, 위원회 모임, 그리고 모든 다른 수많은 교회 생활의 양식들을 교육한다. 그것은 내용의 문제점들이 모든 이러한 환경에서 또한 제기되어야 한다는 것을 의미한다. 위원회 사역을 통하여 그리스도인이 된다는 것의 의미에 관해 우리는 무엇을 배우는가? 함께 교제하면서 우리는 무엇을 배우는가? 우리가 그리스도인으로서 알아야 할 내용은 신앙 전체 공동체에 관한 관심이다.

   내가 바로 언급했던 통념들의 목록은 오늘날 교회에 존재하는 내용에 관한 잘못된 인식에 대해 철저히 규명할 것을 의미하지 않는다. 나는 당신이 영향을 미친다고 보는 자신의 환경과 통념에 관하여 생각해 보기를 권한다. 중요한 것은 우리 자신의 교회에서 우리로 하여금 사역에서 그것들을 볼 수 있도록 돕게 하기 위하여 이들 통념들을 언급하는 것이다. 일단 그것들을 인식한 후에, 우리는 그것들로 옮겨가며 교회 교육에서 우리의 사역에 제기되는 문제점들을 고려하는 내용에 대한 이러한 기초 요소를 볼 기회를 얻는다.

내용의 문제점

내용에 대한 문제점들을 본 바와 같이, 우리가 교회에서 가르치고 연구해야 할 것을 고려할 때 검토되어 할 두 가지의 중요한 질문들이 떠올랐다. 이들 질문들은 다음과 같다.
(1) 우리가 무엇을 알아야 하는가? (2) 그리고 우리가 그것을 어떻게 알아야 하는가?
이들 두 가지 질문들은 교회 교육 사역의 중심에 있다.

1. 우리가 무엇을 알아야 하는가?
나는 그것들이 빈번하게 사용되는 것을 보았다. 그것들은 사람들의 삶에서 현재의 문제점들이 무엇이며, 그러므로 내년에 그들이 무엇을 연구하기 원하는지를 알기 위해 계획된 조사이다. 이러한 **"문제에 기초한"** 접근은 사람들이 말하는 그들의 현재의 문제점과 관심사는 무엇이든지 투표 후 연구하여 기독교교육의 내용을 결정한다. 내가 본 또 다른 접근은 내가 **"신학적 방법"** 이라고 칭하는 것이다. 내용에 관한 결정을 하는데 있어 이러한 전략은 신학 교육의 고전적 방법에 의지하며 기독교 역사, 신학, 성경, 그리고 윤리학과 같은 주제들이 연구되어야만 한다고 주장한다. 세 번째 접근은 내가 **"성경적"** 접근이라 칭하는 것이다. 나는 이를 성경이 유일한 내용이라고 주장하는 교회들에서 발견한다. 이러한 접근, 성경, 그리고 유일한 성경은 연구할 가치가 있는 것이다.
이들 접근들이 제시하는 바와 같이, 우리가 기독교교육에 대한 내용을 결정할 수 있는 다양한 방식들이 존재한다. 그러나 내용을 결정하기 위한 출발점은 우리가 무엇을 알아야 하는가?라는 질문이 되어야 할 필요가 있다. 그리스도인의 정체성과 세상에서 그리스도인으로서 살기 위해서, 우리가 알아야 할 것은 무엇인가?
이러한 질문에 답변하기 위하여, 나는 언급된 각기 접근들은 고유한 방법으로 시도해야 한다고 본다. 문제에 기초한 접근은 그리스도인이 되기 위해서는 삶의 문제를 알아야만 하며 당신의 신앙이 그것들과 어떻게 관련되는지를 알아야 할 필요가 있다고 주장한다. 그러므로 우리는 우리가 교육하는 사람들부터 시작하여 그들의 문제점과 관심사들에 대한 다소의 이해를 얻으려고 노력한다. 이들은 학습을 위한 기회로 들어가는 중요한 출입구가 된다. 신학적 접근은 우리가 역사, 전통, 그리고 교회에서 신학적 논쟁에 관한 정보를 알아야할 필요가 있다고 말한다. 그러한 접근은 교회에서의 교육이 신중한 문제이며 평신도들이 지적으로 도전을 받고 주요한 사상가와 학자들 그리고 그들의 전통을 이루고 형성한 핵심적인 신학적 개념들과의 대화에 초대되어야 할 필요가 있다는 것을 상기시켜준다. 성경적 접근은 우리에게 성경을 알 필요가 있음을 주장한다. 그것은 성경이 기독교교육의 내용에 대한 핵심 부분이며 우리 스스로 소홀히 함을 일깨워 준다.

이들 모두는 명백하게 그리스도인이 탐구해야 할 지식의 적절한 영역이다. 만일 우리가 1장에서 논의한 기독교교육에 대한 정의에 관해서 살펴본다면, 우리가 무엇을 알아야 하는지에 관한 이러한 질문이 제기되어 있는 몇 가지의 다른 방법들을 볼 수 있다. 토마스 그룹의 정의를 상시시켜보자.

> 기독교 신앙 교육은 우리 앞에서 그들을 하나님의 행위로, 기독교 신앙 공동체의 이야기로, 그리고 이미 우리 안에 씨 뿌려진 하나님 나라의 비젼으로 고의적이고 의도적으로 그들을 참여시키는 제 때의 순례자들에게 있어서의 정치적 행위이다.[7]

명백하게, 그룹(Groome)은 (1) "우리 앞에서 하나님의 행위," (2) "기독교 신앙 공동체의 이야기," (3) 그리고 "하나님 나라의 비젼"에 참여할 것을 교회의 기독교교육에 대하여 요구할 때, 우리가 알아야 할 것이 무엇인지 내용에 대한 범주를 들고 있다. 달리 말하면, 우리는 우리 앞에서 하나님의 행위가 무엇인지, 그것을 어떻게 인식하는지, 무슨 의미인지 등에 관하여 알아야할 필요가 있다. 우리는 성경과 전통 모두의 기독교인 이야기를 알아

---

7) Thomas Groome, *Christian Religious Education* (San Francisco: Harper & Row, 1980), 25.

야만 한다; 그리고 세상과 인간을 향한 하나님의 비젼이 무엇이며 그것을 우리의 삶에서 어떻게 구현하는지 알아야할 필요가 있다.

다니엘 알레이셔(Daniel Aleshire)의 정의 또한 우리가 알아야 할 것이 무엇인지에 관한 한 가지의 관점을 제공 한다.

> 기독교교육은 사람들로 하여금
> (1) 고대와 현재의 그리스도인 이야기를 배우도록 하며,
> (2) 그들의 신앙을 행위로 나타내는데 필요한 기술들을 향상시키며,
> (3) 진리에 대해 깨어있는 삶을 살기 위하여 그 이야기를 숙고하게 하며,
> (4) 그리고 언약공동체로서 함께 사는데 필요로 하는 감수성을 기르도록 하는 사역과 그러한 사역의 표현들과 관련된다.[8]

그리스도인 이야기, 우리의 신앙을 행위로 나타내기 위한 기술, 그 이야기와 우리의 삶 그리고 언약 공동체로서 함께 사는데 있어서의 감수성의 관계를 인식함은 우리가 알아야만 하며/ 또는 우리가 그리스도인으로서 살아가기 위해 어떻게 행해야 하는지에 관한 지식, 사역의 모든 영역들이다.

이들 접근과 정의는 명백하게 가능성에 대해 철저하게 규명하지 못하고, 각기 우리의 기독교 사역에 관한 내용을 들 수 있는 방법들에 관한 하나의 관점을 제공한다. 나는 그들에게 다른 것들에 대해 한 가지를 지지하지 말 것을 제안하나, 독자들에게 교회에서 우리가 가르치고 연구해야 할 내용에 관하여 생각할 수 있는 방법에 대한 약간의 인식을 제공 한다. 유진 룈케파르타인(Eugene Roehlkepartain)이 제안한 바와 같이 필시 우리의 목표를 이들 중 한 가지를 다른 것들에 비해 더 중요한 것으로 말해서는 안 되며 사실과 정보의 다양성, 관심사와 삶의 문제들, 핵심적인 신학적 개념들, 그리고 성경을 구체화함으로써 효과적인 내용으로 간주하는 "유익한 조화"[9]로 보아야 한다.

---

8) Daniel Aleshire, "Finding Eagles in the Turkey' Nest: Pastoral Theology and Christian Education" *Review and Expositor* 85 (1988): 699.
9) Roehlkepartain, 120.

내용을 일컫는 다른 방법들에 관한 이 토론에서 나의 목표는 교회를 위한 "표준적" 교육과정의 발전을 위한, 우리가 알아야 할 "옳은" 결정을 위한 압력을 행사하는 것이 아니다. 나는 우리 중 대다수는 교회에서 연구되어야 할 지식과 이해의 일반적인 영역에 동의하리라고 생각한다. 해당되는 영역은 우리의 삶에서 하나님과 하나님의 행위, 예수님과 그의 사역, 성경과 그리스도인 이야기, 교회와 사역, 우리 고유의 문화적 그리고 종교적 유산 이야기, 오늘날 그리스도인으로서 살아가는 것의 의미, 그리스도인의 삶의 방법 등이다.

여기에서 나의 목적은 우리가 알아야 하는 것에 대한 이러한 질문에 관하여 사고하도록 자극을 주는 것이다. 우리는 교회에서 내용의 선택에 우리의 접근을 확대하고, 사람들에 대한 문제적 측면에서만 보는 것을 탈피 또는 신학 연구 또는 성경 자체의 고전적인 영역에 또는 연구되어야 할 것을 결정하는 방법으로서 어떠한 한 가지 표준에 우리의 접근을 확대하도록 고무되어야 할 필요가 있다. 오늘날 세상에서 그리스도인으로서 신실하게 살아가기 위해 필요한 지식은 다양한 면과 다양한 층을 이룬다. 그것은 내용을 선택할 때 다양하고 포괄적인 접근을 요구한다. 나의 목표는 그리스도인이 알아야 할 필요가 있는 것에 관하여 이야기하도록 그리고 무엇을 가르치고 연구하며, 무엇이 간과되는지의 범위를 알기 위한 당신의 교육 사역을 고찰하도록 당신과 당신의 교회에 권유하기 위함이다.

2. 어떻게 알아야 하는가?

우리가 알아야 하는 것은 우리의 교육적 노력의 내용을 선택하는데 있어서 명백히 중추적 요소이다. 그러나, 대상(what)에 대한 질문과 방법(how)에 관한 질문 모두 똑같이 중요하다. 우리가 그것을 어떻게 알아야 하는가?

우리는 교회에서 자주 지식이 무엇인가에 대한 제한된 이해를 구한다. 우리는 지식을 "명제적인"[10]것으로 보며, 달리 말하여, 무언가에 **관하여** 아

---

10) 앎의 다른 방식들을 탁월하게 논의한 Thomas Greene, *The Activities of Teaching*

는 것 또는 이러저러한 **것을** 아는 것으로 간주한다. 교회에서 성경에 관한 우리의 사역의 대부분은 명제적인 지식이다. 우리는 무엇에 **관한** 지식과 **어떤** 지식을 강조한다. 우리가 아이들에게 성경 구절을 암송하게 할 때, 우리는 종종 명제적 지식에 관여한다. 우리의 목표는 그들이 요한복음 3:16이 이렇게 특별한 일련의 말씀이라는 것을 아는 것과 그 말씀을 암송하도록 만드는 것이다.

명제적 지식에 잘못된 점은 없다. 우리는 무엇에 관하여 알아야할 필요가 있다. 우리가 성경이 이야기 하는 바를 아는 것이 중요하다. 우리가 하나님과 예수님 그리고 교회에 관하여 아는 것은 중요하다. 우리는 사람들에게 그들의 신앙에 관한 정보를 제공할 필요가 있다. 그러나 무엇에 관하여 아는 것보다 무엇을 아는 것이 더 중요하다. 교육 철학자인 제인 롤랜드 마틴(jane Roland Martin)이 그 문제에 관하여 언급하기를,

> 교육은 학습에 관하여 제한을 받지 않으며 받아서도 안된다. 거기에는 습득되는 기능, 숙련되는 기술, 학습되는 행동들, 감상되는 미술작품이 있으며; 함양되는 정서, 향상되는 태도, 고무되는 신념, 장려되는 행동 방식들이 있다.[11]

그녀의 말은 우리에게 단지 무언가에 **관하여** 아는 것만으로 충분치 않음을 일깨워준다. 예수님과 그의 생애 그리고 사역에 관하여 아는 것은 확실히 중요하나, 우리는 오늘날 세상에서 사람들이 그러한 삶과 사역을 증거 하는 방법을 알 때까지 교회에서 우리의 교육적 의무를 이행하지 못했다.

우리가 알아야 하는 방법에 관한 이러한 질문은 우리로 하여금 우리가 선택하는 내용을 고찰하도록 하며, 이러한 내용이 무언가에 관한 지식에만 국한되지 않으며, 단지 연구 지침서와 서적에 나와 있는 지식에 국한되지 않음을 깨닫도록 요구한다. 우리는 또한 방법적 지식, 산 체험과 새로운 행

(New York: McGraw-Hill, 1971)를 보라. 또한 특히 Groome's *Christian Religious Education*, 7장을 보라.

11) Jane R. Martin, ed., *Readings in the Philosophy of Education: A Study of Curriculum* (Boston: Allyn and Bacon, 1970), 78.

동에 참여하고, 새로운 태도를 실천하며, 다른 정서를 느낄 기회에서 얻어지는 지식을 탐구하는 내용을 필요로 한다. 이전의 장에서 언급한, 교육에 대한 봉사-학습적 접근은 방법에 대한 이러한 필요를 진지하게 고려하며 사람들을 신앙 공동체에 필수적인 지식의 충만함으로 인도하는 직접 체험의 종류에 관련시킨다. 무언가에 관한 학습뿐만 아니라 학습하는 방법에 관한 기회를 가지고 산 체험에 관련됨은, 교회의 교육 사역에 대한 내용의 근본적인 면이다.

그 때 나는 깨닫지 못했으나, 나의 교회 학교 7학년 선생님이셨던 K부인은 기독교교육 체험의 일부로서 방법적 지식 강조의 중요성을 가르쳐주셨다. 우리는 여자 반 이었고, 우리 대부분은 교회에서 양육되었다. 우리는 여름 성경 학교에서 보낸 시절을 통해 성경 구절을 알게 되었다. 우리는 그리스도인이 어떻게 타인을 섬겨야 하는지에 관한 가르침을 배웠다. 우리는 수많은 명제적 지식, 무언가에 관한 지식을 가졌으나 K부인은 방법적 지식에 관한 무언가를 가르쳐 주었다. 타인을 섬기는 것이 무슨 의미인지에 관해 말해주기 보다, 그녀는 그녀의 집에 갇혀 지내는 노부인 P할머니를 소개시켜 주었다. 그녀는 눈이 멀었고, 귀가 어두웠으며, 저하된 지적 능력의 조짐을 나타냈다. 우리는 P할머니를 우리 반의 할머니로 "받아들였다." 우리는 단체로 몇 차례 그녀를 보러 갔으며, 작은 선물을 만들어 보내며, 정기적으로 그녀를 위해 기도하였다. 갑자기, 봉사가 우리의 삶에서 새로운 크기와 의미로 다가왔다. 봉사란 우리가 교회 학교에서 배운 어떤 추상적인 관념이 아니었다. 그것은 우리가 상상하던 방식으로 반응하지 못한 누군가와 함께 함으로 우리 자신이 불편함에 직면하는, P할머니에게 말할 이야기 거리를 찾는 매우 고된 사역이었다. 우리의 신앙 교육의 내용이 무언가에 관한 지식뿐 아니라 방법적 지식이 되었다.

이에 관하여 토마스 그룸(Thomas Groome)이 잘 말해주고 있다. "성경에서 어리석거나 무지한 자는 '무엇에 관하여' 지식적으로 모르는 자가 아니라, 하나님의 뜻에 따라 행하지 않는 자이다."[12]

---

12) Groome, 142.

교회에서 우리가 가르치고 연구할 내용을 고려할 때, 그것을 어떻게 알아야 할 것인가? 라고 우리 스스로 질문할 필요가 있다. 우리는 전인격적으로, 우리의 삶에서 하나님의 뜻에 온전하게 반응할 수 있는 방식으로 알아야 할 필요성이 있다.

자료 선택하기

교회가 내용을 단순히 우리가 사용하는 교육 자료로 여기는 통념을 넘어서는 것이 중요함에도 불구하고, 우리가 선택하는 자료들은 사람들로 하여금 우리가 중요하다고 생각하는 내용을 학습하도록 돕는 중요한 도구들이다. 그러한 자료들은 사람들을 교육하지 못하며 그러한 교육 자료의 선택이 "아기를 목욕물과 함께 버리고 싶지 않다. 즉 소중한 것을 필요 없는 것과 함께 버리고 싶지 않다"는 속담을 인용한 기독교교육의 내용에 관하여 우리의 책임을 다하지 못함을 알고 있을지라도 말이다. 교육 자료는 우리가 연구하는 내용의 한 부분으로서 중요하며, 우리는 그것들을 사려 깊고 신중하게 선택할 필요가 있다. 그러므로, 어떻게 이들 자료들을 선택할 것인가에 관한 짧은 토론은 타당성이 있어 보인다.

나는 또한 이것을 청지기적 문제로 본다. 수년 동안, 나는 교회들이 새로운 교육 자료의 개발과 진흥에 수만 달러를 지출하는 것을 보아왔다. 최신 자료들은 당시 가장 큰 관심거리가 되었으며, 교회들은 이들 자료가 그들의 필요를 충족시켜 줄 것으로 생각하며, 이들 새로운 자료들을 사들이는데 돈을 지출하였다. 곧 교사들은 학생들이 흥미 없어 하는 것 같다고 불평하기 시작하며, 우리는 과정을 처음부터 다시 시작한다. 낡은 교육 자료들은 교회 창고 속에 쌓이고, 우리는 그것이 언제 끝이 날까 생각한다.

나는 유용한 교육 자료들을 개발하는데 있어서 교단들과 그들의 노력을 비난하고 싶지 않다. 우리는 좋은 자료들을 필요로 하며, 그것들을 기획하는데 시간과 정력을 들인 사람들에게 감사한다. 그러나 우리는 잠시 이러한 과정의 반복에 수년간 지출된 돈의 액수를 알아 볼 필요가 있으며 이것이 재정적 자원을 최대한 활용하는 것인지 자문해보아야 한다. 우리는 우리에게 주어진 것에 대한 선한 청지기인가? 새로운 교육 자료들을 개발하는 것이 언제나 해결책인가? 이러한 과정의 지나친 반복을 억제하는데 있어서 우리가 해야 할 일이 있는가?

우리가 할 수 있는 일이 있다. 우리는 토론회에 참가하여 사람들로 하여금 그들이 알아야 할 필요가 있는 것을 학습하도록 돕는데 필요한 자료들을 제공하는데 있어 우리가 더 나은 청지기들이 되도록 돕는 국제 교육 자료 선택 과정에 참여할 수 있다.

이것이 여러분 모두에게 전혀 새로운 제안이라고 생각하지 않지만, 교회가 자료들을 선택하는 이러한 중요한 문제에 관하여 진지한 노력을 기울이도록 고무하기 위하여 수없이 강조해도 지나치지 않다. 그러한 과정을 구체화할 수 있는 한 가지 방법을 자세히 살펴보기로 하자.

교육 자료 선택 과정

아이리스 컬리(Iris Cully)와 같이, 나는 교육 자료들을 선택하는데 있어서 "한가지의 간편한 방법"[13]이 있다고 생각지 않는다. 그러나 나는 우리가 그것에 합당한 사고와 노력을 기울임으로써, 우리로 하여금 계획성을 가지고 이러한 중요한 사역에 참여하도록 돕는 어떤 조치들을 취할 수 있다고 생각한다. 내가 신학교 학생들과 교회에서 사역할 때, 선택 과정에 대한 기초로서 다섯 가지의 중요한 일련의 단계가 발생했다. 열거해 보면 다음과 같다.

- 기초를 마련 한다
- 특정 상황을 기술 한다

---

13) Iris V. Cully, *Planning and Selecting Curriculum for Christian Education* (Valley Forge, Penn.:Judson Press, 1983), 24.

- 자료를 선택 한다
- 자료를 사용 한다
- 자료를 평가 한다

1. 기초를 마련한다. 내가 "기초를 마련한다"로 시작되는 과정에 대하여 이야기 할 때, 나는 정원 가꾸기의 이미지를 이용한다. 나의 남편은 정원 가꾸기를 몹시 좋아하며, 그에게서 배운 한 가지 중요한 사실은 자양분을 공급하고 흙을 골라서 식물들이 받아 자랄 수 있도록 준비하는, 기초를 다지기의 중요성이다. 그러한 준비 결과는 계절마다 꽃을 피움으로 아름다운 꽃의 정원이 된다.

교회에서 교육 자료를 선택할 때, 우리는 또한 기초를 마련하고, 교회로 하여금 사용할 자료 종류의 선택을 준비하도록 도울 필요가 있다. 이 장을 통하여 우리가 참여해 온 내용에 관한 토론은 기초를 마련하는 것이다. 그것은 사람들로 하여금 내용에 대한 폭넓은 이해를 제한할 수 있는 어떠한 통념들과 잘못된 개념들(흙에서 돌과 잡초를 제거하는 따위)을 제거하도록 돕는다. 그것은 그들에게 새로운 시각을 갖도록 하며, 우리가 그리스도인으로서 알아야 할 것과 어떻게 알아야 할지를 볼 수 있도록 돕는다.

그것은 사역에 적절한 자료들의 선택을 위한 방법을 준비하도록 돕는다. 이러한 기초 다지기는 지속적인 과제이다. 흙을 마련하는 노력이 끊이지 않는 훌륭한 정원사와 같이, 우리는 내용의 문제점에 관해 정기적으로 토론하며 그리스도인으로서 우리의 정체성과 우리가 무엇을 알아야 할지를 살펴야 한다. 우리는 신생 개념들로부터 새로운 통념들과 잘못된 개념들을 억제하거나, 반복으로부터 옛 것을 억제할 필요가 있다. 우리는 기초 다지기를 반복적으로 되풀이 할 필요가 있다.

2. 특정 상황을 기술한다. 특정 자료들을 고찰하기 전에, 우리는 현재의 상황을 설명할 필요가 있다. 또한 그것은 마치 진단을 하는 의사와 같다. 그녀는 우리가 누구이며 우리에게 증상에 관해 듣는 시간을 갖기 전에는

처방을 내리지는 않을 것이다. 나는 교회에서 사용할 교육 자료들을 선택할 때도 마찬가지라고 생각한다. 우리가 환경, 교회, 관계된 사람들, 우리가 배울 필요가 있고 배우기 원하는 것과 방법 등을 설명할 시간을 갖지 못했을 때 잘못된 선택을 할 우려가 있다.

선택 과정의 이러한 단계에서 두 종류의 기술을 할 필요가 있다. 첫 번째 기술은 일반적으로 교회와 환경에 대한 설명이다. 이것은 사람들의 정체성, 그들의 필요와 관심사, 신앙 여정에서 현재 그들의 위치, 어떠한 신앙 교육 경험을 가지고 있는지, 어떻게 그들이 가장 효과적으로 학습할 수 있는지 등의 설명을 포함한다. 이것은 또한 그리스도인이 무엇을 알아야 하며 어떻게 알아야 하는지에 관하여 이 장에서 이전에 제기된 질문들에 교회 구성원들이 답변할 수 있는 방법들에 관한 설명을 포함한다.

두 번째 종류의 설명은 교육 자료 자체에 관련된 것에 좀 더 집중한다. 이 설명 작업 중, 우리는 우리가 자료에서 찾고자 하는 특징들, 우리의 특정한 교회 구성원들과 교육 사역에 적합하게 하는 특징들을 거명할 필요가 있다. 예를 들면, 어떤 특정한 성경 해석을 특별히 선호하는 교회들이 있다. 그러한 해석을 전혀 사용하지 않은 성경 연구 자료를 사용함은 필시 적합하지 않을 것이며 곧바로 그러한 자료에 불만족하게 될 것이다.

게다가 성경 해석에 관한 선택에 있어서, 고려해야 할 중요한 다른 요소들은 당신의 교회가 선호하는 성경 연구 방법(주제별, 성구별, 구절 대 구절, 등), 교사들이 선호하는 것으로 보이는 교육적 접근(강의, 토론, 계획안, 다양한 실습 공예 등), 사용될 자료들이 놓여 있는 실제 상황(연구 모임 또는 수업 시간의 길이, 주어진 그룹에 속한 학생들의 수와 연령대 등), 교단적 전통과 사역의 역할, 그리고 자료에서 활용되어야 할 가치관, 그리고 교사들이나 학생들이 기대하는 교육을 위한 각종 보조 기제들(교사용 책, 학생용 책, 공예 재료, 과제물 등)이다. 우리가 연구할 필요가 있는 요소들에 관해 반드시 철저하지 않더라도, 이러한 목록은 우리가 고려하여 사용할 자료들의 선택을 준비할 때 설명해야 할 필요가 있는 것에 대한 아이디어를 제공한다.

3. 자료를 선택 한다. 명백하게, 이미 언급한 단계들은 선택 과정의 일부이나, 우리가 선택하고, 특정한 자료에 관해 실제로 결정해야 할 지점에 이른다. 이 과정은 가능한 다양한 자료들을 수집하기로부터 시작된다. 이용 가능한 것을 발견하는데 있어서 몇 군데 출처가 있다. 교회 자료실, 교단 출판사, 종교 서점, 타 교회 등이다. 나는 교회가 재고를 위한 더 많은 일련의 자료들을 가지고 있다고 추천하는 바이다. 이것은 다른 접근을 검토할 기회를 제공하며 목표 평가를 위한 비교를 제공한다.

자료들이 수집된 후에, 결정에 관한 책임이 있는 사람들은 그것들을 평가할 필요가 있다. 나는 사람들로 하여금 그들이 자료를 처음 걸러낼 때 위에 나타난 설명들을 사용할 것을 권한다. 설명이 얼마나 잘 되어 있으며 자료들이 얼마나 일치하는 것으로 보이는가? 이 같은 개관에 따라서, 자료에 관해 좀 더 상세하게 분석하기 위해, 신학교 학생들과 교회에서 사용하기 위해 개발했던, 다음과 같은 체크리스트를 제시한다.

교육 자료 선택을 위한 평가 체크리스트[14]

자료에 관한 총체적 기획안:

1. 이러한 교육 자료에 관한 언급된 목표는 무엇인가? 기독교교육을 위한 귀 교회의 접근을 위해 이러한 목표가 얼마나 적절한가? 당신이 교육/학습을 위해 정해둔 유사한 목표가 있는가?

2. 내용:

   a. 그 자료가 당신이 연구하기 원하는 것인가?

---

14) 이 내용의 어떤 부분들은 Cully의 저서에서 인용하였다. 111-113페이지를 참조하라.

b. 성경적 자료는 성경 해석에 있어 수용 가능한 접근을 반영 하는가?
c. 그 자료는 그리스도인의 삶의 의미에 관한 해석과 관련하여 얼마나 적절한가?
d. 연령 수준의 측면에서 발달 문제, 학습 능력, 인생 경험이 학생들을 위한 내용으로 적절한가?

3. 자료의 배열:

a. 성경적 자료가 어떻게 사용되었는가? 성경에 대한 이러한 접근의 장점과 단점은 무엇인가?
b. 각 모임의 구조는 어떠한가? 모임들은 서로 어떻게 관련되어 있는가? 이것이 당신의 환경에 적절한 구조인가?
c. 적절한 곳에 추가와 대체를 위한 공간이 있는가? 그러한 추가와 대체를 위한 암시가 있는가?

4. 자료를 물리적인 특성 면에서 어떻게 평가하겠는가? 교사들의 기술과 선호도 면에서 유용성은? 특정 학생들에 대한 총체적 타당성은?

5. 귀 교회의 구성원들은 이러한 자료를 제공할 수 있는가? 그것은 재사용할 수 있는가?

교사 자료:

1. 자료의 구성이 흥미로운가?

2. 교사가 교육 활동을 쉽게 이해할 수 있도록 모임이 명확하게 제시되어 있는가? 교사로 하여금 개요와 그것의 진행과정의 이해를 돕는 특별한 특징들이 있는가?

3. 어떠한 종류의 교사 협조가 제공되었는가? 이것들이 적절하고 유용한가?

4. 이 자료가 교사의 기술과 얼마나 잘 조화를 이루는가?

5. 교육에 어떠한 접근이 사용되었는가? 이들은 적절한가? 활동을 위한 지침은 명확하고 습득하기가 용이한가?

6. 제공된 것들 이외에 어떠한 자료들이 사용되도록 제시되었는가? 이들 중 어느 것이 필수적인가? 어느 것이 용이하게 얻을 수 있는가?

7. 제공된 연령, 학습 수준, 필요성, 학생들의 관심사에 관한 자료가 유용한가? 교사로 하여금 지식과 이해력을 풍부하게 할 수 있는 내용에 관한 배경적 자료가 있는가?

학생 자료:

1. 학생들의 관점에서, 자료가 흥미로운가? 인쇄된 자료는 읽기에 용이한가? 문체와 언어는 학생들의 흥미를 유발하는가? 자료가 학생들이 이해할 수 있는 수준인가?

2. 학생들은 학습 과정에 어떻게 참여하는가? 그들은 연령, 학습 능력, 필요성, 관심사에 적절한 방식으로 참여하는가?

3. 어떠한 종류의 활동들이 사용되었는가? 활동이 그들의 흥미를 끌었는가? 학생들이 이들 활동이 유용하다고 인식하는가? 이들 활동들이 내용에 합당한가?

결론적 질문:

장점과 단점을 비교할 때, 이것이 귀 교회에 최상의 적절하고 유용한 교육 자료인가? 그 이유를 설명하라.

이와 같은 체크리스트를 사용한 후, 우리가 기독교 신앙의 기초가 된다고 결정한 내용을 교육하는데 있어서 사용되는 실제 자료들에 관하여 최종적으로 결정이 내려졌다.

4. 자료를 사용 한다. 교회에서 우리는 빈번하게 어떠한 자료를 사용할지에 관한 결정이 내려지면 자료 선택에 관한 업무가 끝났다고 생각한다. 이러한 이유로, 교회들은 이것이 단지 과정의 일부에 지나지 않아 이해되지 않기 때문에 되풀이하여 실제 선택 단계의 반복을 종료한다. 자료 선택 후, 그것들이 유용한지 그리고 여기에 따르는 적절한 지원과 협조가 제공되었는지 살펴볼 필요가 있다.

그러나 이는 교회에서 일상적으로 일어나지 않는다. 나는 나의 박사 학위 논문 연구에서 인터뷰했던 한 교사가 한 말을 기억 한다. 그녀가 이르기를, "그들은 당신에게 책 하나를 건네주며 '여기에' 자료가 있다. 가르쳐라."[15] 그녀는 자료를 사용하는데 도움이 거의 없어 교육에 있어서 수많은 그녀의 동료들에 대한 우려의 목소리를 내고 있었다. 이전에도 언급했듯이, 교육하는 것은 자료들이 아니다. 교육하는 것은 교사들이다. 그리고 우리는 우리가 제공하는 도구들을 사용하도록 협조해야 할 필요가 있다.

자료 사용을 위해 교사들을 돕는 것은 다양한 방법으로 제공할 수 있다. 초보(교사)를 교육 자료 사용에 대한 지식을 제공하고 멘토링을 제공할 수 있는 숙련된 교사와 한 조가 되게 할 수 있다. 교회는 교사들로 하여금 선택한 자료에 익숙해지고, 사용법을 학습하도록 돕는 일에 집중하는 워크숍을 운영할 수 있다. 나는 항상 교사들이 시간적 여유가 없다고 말하는 것을 알고 있으나, 나의 경험에 의하면 교사들은 그들이 위임받은 실제 사역에 도움이 된다고 판단하면 일회에 집중한 행사에 참여할 것으로 본다.

여기서 당면한 문제는 우리가 자료들을 사용하도록 도움을 제공하는 방법이 되지 못하는 것이며, 그러한 자료들이 사용될 때까지 우리가 성공적으

---

15) Tye, 164.

로 교육 자료들을 선택하지 못했음을 인식함이다. 나는 이러한 단계에 주의 깊고 신중하게 주목하는 것이 수많은 교회 창고에서 발견되는 사용하지 않은 그러한 교육 자료 더미들을 제거하는데 큰 도움이 되리라고 생각한다.

5. 자료를 평가 한다. 교육 자료 선택 과정은 그것들이 사용될 때 자료의 평가와 함께 종결된다. 평가는 어떻게 되어 가고 있는가? 라고 우리가 질문할 때 언제나 이루어진다. 우리는 이것을 교사들, 학생들, 부모들, 그리고 교육적 헌신에 관련된 사람들과의 비공식적인 대화를 통하여 실시할 수 있다. 우리는 이것을 사람들이 자료에 대하여 어떻게 반응하는가, 그들이 무엇을 좋아하고 싫어하는가를 알아보는 조사의 이용을 통하여 실시할 수 있다. 우리는 이것을 학생들에게 그들이 무엇을 배우고 있는지를 알아보는 질문들을 통하여 할 수 있다. 핵심은 사용된 방법이 아니라 자료들과 그것의 유용성에 대한 어떠한 평가 방법에 참여할 필요성에 있다.

나는 선택 과정이 우리가 이러한 평가를 할 때까지는 완료되지 않는다고 생각한다. 그러나 간과될 수 있는 단계이다. 나의 관찰에 의하면 그러한 평가는 문제가 이미 발생한 시점에서 일어나며, 이때 무엇을 해야 할 것인가에 관한 현명한 선택을 하기가 더욱 어려워진다. 만일 우리가 교사가 불평을 하거나 또는 학생들이 나오지 않을 때까지 기다린다면, 우리는 어떻게 되어가고 있는가? 라는 질문을 하기까지 너무 오래 기다리는 것인지도 모른다. 그 때에 답변은 즉시 잘 되어가고 있지 않다고 내려질 수 있어야 하며, 그 직후 우리들에게는 이들 자료들을 제쳐놓고 다른 자료들을 찾고자 하는 중압감이 생긴다. 이른 시점에서 그리고 정기적으로 점검함은 자료가 유용해지도록 돕는데 필요한 어떠한 조정을 하는데 있어 큰 유연성을 제공한다. 그것은 값비싼 자료들로 대체되는 것을 막는데 도움이 될 수 있다.

이러한 주기-기초를 마련하고, 특정한 상황을 기술하고, 자료를 선택하고, 자료를 사용하며, 자료를 평가하는―는 교회에서 우리가 단번에 하는 과정이 아니다. 그것은 우리가 반복적으로 참여해야 하는 것이다. 그것은 항상 새로운 자료들을 선택하지 못하게 될지 모른다. 실제로, 나는 그러지 않기를 바랬다. 그러나 그것은 위임된 내용을 가르치는데 있어서 회중들을 돕는 적절한 자료들의 현존과 사용으로 귀결된다.

요약

독자가 교회에서 가르칠 필요가 있는 특정한 내용의 토론을 기대하려고 이 장에 접근한다면, 그들은 실망하게 될 것이다. 이미 언급한 바와 같이, 내용에 대한 근본 기초 요소에 관하여 본 토론의 목적은 교회를 위한 표준 교육 과정을 명명하거나 또는 사람들이 알고자 하는 특정한 것들을 언급하고자 함이 아니다. 나는 이것이 획일적 사고의 함정에 빠지는 것이라고 생각한다. 나는 교회를 위한 일반적이고, 다목적인 교육 과정을 약술하고자 시도하지 않았다.

대신에 여기에서의 나의 목적은 이 책을 통하여 언급해 왔듯이, 무엇을 가르칠 지에 관련하여 결정할 때 교회가 다루어야 할 필요가 있는 문제점들에 관한 인식을 제기하기 위함이다. 우리는 '우리가 무엇을 알아야 하는가?' 와 '어떻게 알아야 하는가?' 라는 핵심적 질문을 고찰할 필요가 있으며 우리 자신의 특정한 교회적 그리고 문화적 환경의 맥락에서 이들에 답변할 필요가 있다. 자료가 내용과 동등해 질 수 없음에도 불구하고, 우리는 또한 교육에 있어서 사용할 적절한 자료의 선택에 신중하고 사려 깊게 주목할 필요가 있다.

나의 현재 바램은 이러한 토론이 교회가 그리스도인들이 알고 이를 교육 사역의 내용으로 구체화 시키는데 중요하다고 여기는 것을 어떻게 명명할 것인가 귀 교회가 숙고하는 출발점이 되는 것이다. 나는 여러분이 신중하게 계획적으로 이러한 근본적 기초 요소에 주목할 것과 자신의 특정한 신앙 공동체에 적합한 결정을 하도록 애쓰길 권하고 고무하는 바이다. 여러분의 지식이 쌓이길 바란다.

숙고와 적용

다음의 연습문제는 이 장에서 제시된 개념들과 관련하여 독자들에게 도움이 되고자 제공되었다.

1. 종이나 신문지 위에 내용에 관한 네 가지의 통념들을 적어보아라. 1번에서 4번까지 이들 통념들의 순위를 정하라, 1번은 교회 사역에서 가장 흔히 접하는 통념이며, 4번은 가장 불명확한 것이다. 당신이 교회 사역에서 접한 다른 통념들을 목록에 추가하라. 이러한 통념들을 제거할 수 있는 방법들을 열거해 보라.

2. 당신이 "기독교 학교"를 설계한다고 가정해 보라.

   a. 당신이 생각하기에 사람들이 이 "학교"에서 배울 필요가 있다고 생각하는 것을 열거해 보라. 그리스도인들이 무엇을 알아야 하는가? 목록에서 어느 항목이 무엇에 관한 *지식* 그리고 어느 것이 *방법적 지식*의 범주에 해당될 수 있는지 표시하라.
   b. 당신의 교회에서 최근에 가르치고 학습한 것의 목록을 만들어 보라. (폭넓게 생각하고 표면적인 교실 환경에 사고를 제한하지 말 것.) 목록 중 어느 항목이 무엇에 관한 지식이며 어느 것이 방법적 지식인지를 표시하라.
   c. 두 목록을 비교하라. 같은 점이 무엇이며, 다른 점은 무엇인가? 이들 목록을 보면서 당신 교회의 접근 방식에 관하여 무엇을 알았는가?

3. 당신의 교회에서 이미 사용되고 있는 교육 자료들을 골라라. 교육 자료 선택에 대한 평가 체크리스트를 사용하여, 이들 자료들을 평가하라.

   a. 이전에 발견하지 못했던 자료들에 관하여 무엇을 알았는가?

b. 그 자료들을 어떻게 평가하겠는가? 당신의 교회에 유용한가 또는 그렇지 아니한가?

4. 체크리스트를 사용한 후, 다시 점검하라.

   a. 어느 기준이 가장 중요하다고 생각하는가?
   b. 자료를 평가하는데 있어서 어느 기준이 가장 도움이 되었는가?
   c. 목록에 어떤 기준을 추가하겠는가? 어떤 기준을 삭제하겠는가?

5장

참여자: 누구를 교육해야 하나?

그얼굴들은 언제나 그들의 주목을 끌었다. 그들 앞에 놓인 책상 위에는 다양한 연령, 인종, 체격, 모습을 한 사람들의 사진이 펼쳐져 있다. 수업이 시작되기 전부터, 그들은 그 사진들을 집어 들고 열심히 연구한다. 이 사람들은 누구인가? 이것이 도대체 무엇인가? 여러분은 그들의 마음속에 일기 시작하는 의문들을 알 수 있다. 나의 기독교교육 개론 수업을 듣는 학생들은 이같이 중요한 사역에서 "누구"에 관한 토론을 시작할 예정이며, 그들 앞에 펼쳐 있는 것은 우리가 교육하도록 요청 받은 사람들의 콜라주(collage)이다.

우리가 그러한 사진들의 콜라주와 이 장의 질문을 생각할 때, 우리가 누구를 교육하는가? 우리가 할 수 있는 첫 번째 그리고 대개의 뻔한 대답은 모든 사람들이다. 우리는 노인과 젊은이, 남자와 여자, 부자와 가난한 자, 흑인과 백인, 전문 직업인과 노동자들-열거하자면 끝이 없다. 기독교교육은 일생 동안에 걸쳐 사람들과 관련되는 평생 과정이다. 교회에 만연해 있는 그러한 통념에도 불구하고 교육은 요람에서 무덤까지의 교육 사역 대상에 속하는 참가자들, 즉 젊은이들을 위한 것이다.

그러나 이 질문에는 "모든 사람들"과 같은 진부한 대답 이상의 더 많은 것이 존재한다. 이들 "모든 사람들"은 누구인가? 기독교교육을 위한 다섯 번째 기초 요소인 참여자(participants)들은 우리가 교육하는 사람들에게 주목하고 우리가 무엇을 알아야 하며, 그들에 관하여 주목해야 하는 것이 무엇인지 질문할 것을 권한다. 이 기초 요소는 사람들이 이러한 중요한 사역의 중심부에 있고, 사람들이 하나님의 형상을 좇아 창조되었고 제자가 되도록 부르심을 입었으며, 서로 서로 그리고 우리가 살고 있는 이 세상을 돌보고 섬기도록 부름 받았음을 기억할 것을 요구한다. 우리의 사역이 참으로 거룩한 것이어서 이 사람들이 누구인지를 인식하도록 그리고 신실하게 그들을 교육하기 위해서 우리가 알아야할 것을 발견하도록 도전을 준다. 크레이그 딕스트라는 다니엘 알레이셔의 책 『Faithcare: 신앙교육』의 서문에서 언급한 바와 같이, "좋은 교육과 목회에는 많은 요소들이 포함되어 있으나, 그것의 본질에는 타인을 수용하고, 이해하고, 주목하며, 교육적이고, 목회적인 관점에 있어서 삶이 그들에 의해 어떻게 체험되는지 명확성을 가지고 분별하는 능력이 존재한다."[1)

우리가 가르치는 사람들을 주목함은 우리의 교육 사역의 기초가 된다. 그러나 우리는 지나치게 사람들의 특정한 면에만 쉽게 주의를 기울이며 그로인해 우리가 그것들을 알고 이해한다고 생각한다. 당신이 사람을 처음으로 만났을 때 나눈 대화에 관하여 생각해 보라. 대개 이들 대화는 이름을 밝히는 것으로 시작된다. 그 다음에 어디서 오셨습니까? 바로 뒤를 이어, 무슨 일을 하십니까?라는 질문으로 옮아간다. 이름, 지리학적 장소, 직업은 우리가 처음 주목한다고 여기는 특성들이다. 이에 더하여, 우리는 그들의 성과 신체적 특징들에 주목한다. 무의식적으로, 우리는 그들을 분류하기 시작 한다. 남자 또는 여자, 키가 큰지 또는 작은지, 금발 또는 검은 머리, 어린이 또는 성인, 남부 사람 또는 북부 사람, 교사 또는 기술자, 그리고 열거는 계속된다. 이때 우리는 이들 분류와 우리가 만든 가정에 근거하여 그들에 관해 평가하기 시작한다.

우리가 종종 이들 판단에 의해 그리고 어떠한 특정 그룹-"오, 그들은 꼭 중학생 수준이야! 그들은 항상 난폭해!"에 관해 가지고 있는 선입관에 의해 사람들에 대한 우리의 이해를 제한하는 경향에 대해 우려가 된다. 우리는 인간의 실체인 많은 복잡성과 무한한 다양성을 간과한다. 이 장에서 그 질문을 제기하는 이유는 사람들에 대한 이러한 종류의 표면적 관심을 넘어서게 하기 위함이며 교회에서 세심하고 충실하게 교육하기 위해서 우리가 알아야 할 것에 관하여 신중하게 생각하도록 하기 위함이다.

그렇다면 이들 참가자들에 관하여 우리가 무엇을 알아야 하는가? 우리에게 어떠한 종류의 정보와 이해력이 특별히 유용할 것인가? 이하가 우리에게 도움이 될지도 모를 모든 것에 대하여 확실히 규명되지 않았음에도 불구하고, 우리가 하나님의 사람들을 신실하게 교육하고자 할 때 큰 도움이

---

1) Daniel Aleshire, *Faithcare* (Philadelphia: Westminster Press, 1988), 9.

되리라고 생각하는 세 가지 영역의 이해에 집중하고자 한다. 이것들은 (1) 인간의 복잡성과 다양한 속성에 관한 이해, (2) 인간 발달에 관한 이해, (3) 그리고 사람들의 학습 방법에 관한 이해이다.

인간의 복잡성

두 이웃에 관한 재미있는 일화가 있다. 그들을 피트(Pete)와 쌤(Sam)이라고 하자. 피트와 쌤 둘 다 퇴직하여 그들의 마당에서 많은 시간을 보내며 자주 서로 대화를 하였다. 어느 날 쌤이 이웃에 사는 한 어린이가 저지른 일에 관하여 불평을 하고 있었다. 피트는 그가 그렇게 비판적인데 대하여 핀잔을 주었다. 결국 어린아이는 어린아이다.

피트는 그가 아이들을 얼마나 사랑했는지 그리고 그들이 어떻게 우리의 미래인지에 관하여 이야기를 계속했다. 며칠 후, 앞마당에서 떠드는 소리가 들렸을 때 쌤은 그의 뒷마당에 있었다. 무슨 일이 일어나고 있는지 둘러보다가, 그는 피트가 뛰어 달아나는 한 무리의 아이들에게 화난 목소리로 소리 지르면서, 그의 집 앞 도로에 서 있는 것을 보았다.

쌤이 피트에게 말했다. "피트, 무슨 일이야? 뒤에서 다 들리더군. 진정하고 무슨 일이 있었는지 말해보게나." 피트가 그의 도로 끝에 새로 포장한 콘크리트를 가리키면서 말하기를, "그 아이들이 공놀이를 하고 있었는데, 한 녀석이 새로 포장한 내 콘크리트에 던져서 큰 구멍이 났지 뭔가. 요즘 애들은 너무 부주의해. 그들은 제멋대로야. 그들은 남의 재산에 관해 무신경하지." 긴 열변은 계속되었다. 마침내, 피트가 잠시 숨을 고르는 사이 쌤이 말을 하였다. "하지만 피트, 일전에 자네는 자네가 아이들을 얼마나 사랑하는지에 관해 말을 했었네." 피트가 화난 목소리로 흥분하여 말하기를, "그래, 그랬었지, 나는 아이들을 사랑 하네- 이론적으로는 사랑하지만 실제로는 그렇지가 못하네!"

우리는 그러한 뻔한 말장난에 웃어버린다. 그러나 피트는 하나의 진실을 이야기했다. 내가 관찰한 바에 의하면, 우리는 사람들을 '관념적 틀'로 생각하기가 훨씬 쉬운데 이러한 관념적 사고의 일반화는 사람들을 이해함에 있어 잘못 인식하게 만든다. 우리는 교회에서 일상적으로 그렇게 한다. 우리는 6학년 남학생들, 유아들, 노인들, 앞서 언급한 그러한 중학생들에 관하여 이야기 한다. 우리는 그러한 꼬리표가 마치 그러한 범주에 속하는 사람들에 관하여 무언가를 말해 주는 양 행동한다. 그러나 그것은 우리가 알아야 할 모든 것을 말해 주지 않는다.

인간에 관하여 생각하고 그들의 정체성에 대해 이해하고자 노력할 때, 우리는 거기에 어떠한 한 사람을 인식하는 적어도 세 종류의 특성들이 존재한다는 것을 기억해야한다. 거기에는 우리가 타인들과 닮은 그러한 보편적인 인간의 속성들이다. 우리 모두는 공기를 마시고, 물을 필요로 하며, 슬픔을 느끼고, 사랑 등을 필요로 한다. 이때 거기에는 우리가 다른 사람들과 같은 그리고 타인들과 다른 집단 특이적 속성들이 존재한다. 위에서 언급한 범주는 6학년 남학생들, 유아들, 노인들, 그리고 등등 이러한 종류의 분류의 한 예이다. 궁극적으로, 거기에는 우리를 타인과 구분되게 하는 그러한 고유의 개인적 특성들이 존재한다. 예를 들면, 우리 모두는 살아가기 위해 음식물을 필요로 하지만, 우리가 먹는 음식과 관련하여 우리 각자 개인적인 취향을 가지고 있다.

보편적이고 집단 특이적 분류는 우리로 하여금 사람들의 정체성과 필요를 이해하는데 도움이 될 수 있다. 모든 사람들은 사랑을 필요로 하며 유아들이 어떤 특성들을 공유한다는 것을 아는 것은 매우 중요하다. 그러나 우리는 우리의 이웃 피트가 그것과 씨름하고 있었다는 사실을 기억할 필요가 있다. 사람들은 "현실적"이다. 각기 인간은 독특하고 고유하다. 각기 인간은 복잡하고 다양 하며, 우리가 의미 있는 방식으로 교육하길 바란다면 이것에 주목할 필요가 있다.

각 사람은 독특하고 고유하다는 것을 기억하고, 우리가 교육을 할 때 인간의 어떤 특성에 주목할 필요가 있다. 거기에는 우리가 교육하는 이러한

"사람들"을 관찰하면서 주목할 것들이 있다. 나는 이들을 "인간에 관한 관점"이라 칭한다. 이들 다양한 관점에 관하여 이야기 할 때 나는 렌즈의 이미지를 사용하고자 한다. 나는 그것들이 우리가 사람을 볼 수 있는 렌즈를 통하여 우리의 정체성, 그들의 삶의 문제들, 그리고 그들의 성장, 학습, 그리고 변화에 관한 다소의 통찰력을 제공한다고 생각한다. 나는 여기 토론에서 네 가지의 그러한 관점이 유용하다고 본다. 그것들은 생물학적, 정신적, 문화적, 그리고 인간의 신학적 속성들이다.

생물학적 속성

인간을 바라보는 첫 번째 관점은 그들이 생물학적인 존재라는 것이다. 이는 우리 각자가 특정한 방식으로 만들어지고 형성된 살아 있는 유기체를 의미한다. 우리는 특별한 성(그리고 거기에는 남자와 여자의 구분이 존재한다)이다. 우리는 특정한 신체적 능력과 한계를 지녔다. 우리는 특정한 수명을 지녔다. 그리고 특정한 방식으로 신체적으로 성숙 한다. 우리의 생물학적 성장으로 인하여, 우리는 우리의 삶에서 다른 시간에 다른 일들을 할 수 있다. 한 부류의 아이는 아직 신발 끈을 맬 줄 모르나, 동일한 네 살짜리 아이는 종종 그러한 능력을 즐긴다. 나는 그러한 생물학적 특성이 타고난 것이라고 생각하지 않지만, 그것은 확실히 우리가 교육하고자 할 때 기억할 필요가 있는 무엇이다.

나는 최근에 한 지역 교회에서 연장자들의 수업을 가르칠 때 교육과 학습에 나타나는 중요한 생물학적 요소들에 대해 알게 되었다. 몇 주간 함께 한 수업시간 동안, 나는 그들이 듣고 있는지 또는 내가 필기 하고 있는 칠판을 쳐다보고 있는지를 알아보고자 정기적으로 점검할 필요가 있음을 깨닫게 되었다. 교실이 넓었기 때문에, 어떤 이들은 잘 보이지 않는 칠판으로부터 멀리 떨어진 곳에 앉아야만 했다. 나는 나의 강의안을 복사하고 또한 활자를 확대 복사한 것이, 그들이 학습 과정에 도움이 됨을 발견하였다. 연구에 따르면, 시각과 청각 모두 나이가 들어감에 따라 감퇴하며, 노인들에 대한 교육 경험에 있어서 이를 간과함은 그들로 하여금 최대한의 학습 효과를 내는 것을 방해한다. 나이에 따라 학습 능력이 떨어지는 것이 아님에도 불구하고, 시각과 청각의 자연적인 감퇴는 학습 과정에 영향을 미칠 수 있다.2) 학습 과정에 영향을 미치는 생물학적 요소들은 나이에 상관이 없다. 우리는 수면 부족이 십대의 집중력에 영향을 미칠 수 있음을 안다. 우리는 충분한 영양의 결핍이 학습 체험에 완전히 몰입하는 어린아이의 능력에 영향을 미칠 수 있음을 안다. 우리가 가르치는 그러한 생물학과 신체적 속성에 관하여 그들에게 무슨 일이 있었는지에 주목함은 교회에서의 우리 사역의 중요한 부분이다.

정신적 속성

인간을 보는 두 번째 관점은 정신적인 것이다. 정신적인 것은 사람의 감정적이며 행동적인 특성들을 보는 것이다. 심리적 렌즈를 통하여, 우리가 교육하는 사람들의 특성에 주목하도록 고무된다. 우리는 사람들이 세상과 서로에게 관계하는 다른 방식들에 주목한다. 우리는 사람들이 그들의 삶의 환경에 반응하는 다른 방식들을 인식하게 된다. 우리 모두 "우리 각자 보다 편리하여 어떤 특정한 일에 특정한 도구(또는 한 벌의 도구)를 선호하는, 정신적인 도구함"에서 다양한 반응과 행동에 접근할 수 있음에도 불구하고 말이다.3)

이것은 나 자신의 교육 사역에 있어서 유익한 통찰력을 제공해 온 나의 학생들 중 다른 특성에 주목할 필요가 있다. 설명을 위해, 수년간 나는 나의 학생들 중 수업 시간에 말을 많이 하지 않고 의자에 깊숙이 앉아서 잠시 동안 문제에 관하여 숙고하는, 말 수가 적은 학생들을 관찰하였다. 다른 학생들은 매우 말을 많이 하며, 수업 시간 토론을 주도하는 경향이 있다. 이

---

2) Nancy T. Foltz, ed., *Handbook of Adult Religious Education* (Birmingham, Ala.: Religious Education Press, 1986)를 보라. 특히 성인의 교육과 연관된 생리적 이슈들을 다룬 2장을 참조하라.
3) sIsabel Briggs Myers with Peter B. Myers, *Gifts Differing* (Palo Alto, Calif.: Davies-Black Publishing, 1995), xii. 이 저서에서 특별히 설명된 인성 타입은 인간과 심리학적 차이점을 이해하는데 매우 유용한 관점이다. Myers-Briggs의 접근과 교

들 학생들에게 잘못된 것은 없다. 그들은 단지 그들이 세상에 관여하는 다른 방식을 가졌을 뿐이다. 교육자로서, 나는 각기 이들에 주목할 필요가 있다. 말 수가 적은 학생들에게는 그들이 대화로 들어가고자 할 때 생각할 시간과 여유를 주어야 할 필요가 있다.

좀 더 외향적인 학생들에게는 토론할 시간을 주고 그들의 생각에 집중하도록 도울 필요가 있다. 나는 각자 그들이 타인을 평가하고 어떻게 대화에 참여하는가를 학습하도록 도울 필요가 있다. 인간의 정신적 속성에 주목함은 우리가 교육 사역을 시작할 때 또한 중요하다.

문화적 속성

문화적 관점은 우리가 함께 일하는 사람들에 관하여 통찰력을 제공하는 세 번째 렌즈이다. 인간으로서 우리의 정체성은 우리의 문화에 의해 영향을 받고 형성되어진다. 우리의 가족과 마을, 우리가 자라고 성장한 환경은, 우리 안에 특별한 정체성을 형성하도록 돕는다. 특정한 매너와 전통은 우리로 하여금 세상에서 어떻게 살아가고 관계해야 할지를 알려주고 그에 의해 우리는 특정한 가치관을 습득한다. 우리는 특정한 행동 양식, 상호 작용, 세상을 보는 관점도 학습한다. 그리고 학습할 때에 우리의 특정한 문화적 관점을 동반한다.

우리가 얻는 문화적 정체성의 한 가지 방식은 우리가 반복적으로 듣는 민족의 지혜(folk wisdom)에 대한 끊임없는 반복을 통해서이다. 어릴 적에, "아이들은 떠들면 안된다." 그리고 "아이들은 질문한 것에만 대답할 수 있다."는 말을 매 번 들었던 기억이 난다. 이들 문화적 "지혜의 말"을 나의 이전의 교육적 경험으로 해석하기는 매우 어려웠고, 수업 시간에는 조용히 해야 하며 내가 지명을 받았을 경우에만 말해야 한다고 생각하기는 매우 어려웠다. 나의 의견을 말하는 법을 학습하고 수업 시간에 좀 더 목소리를

수학습과 관련된 이유들을 특히 강조하는 자료로는 Gordon Lawrence, *People Types and Tiger Stripes*, 3d ed. (Gainesville, Fla: Center for Applications of Psychological Type, 1979)가 있다.

내기까지 노력하였으며, 나는 내가 가진 가치관에 민감했던 선생님들께 도움을 받았으며 그렇지 못한 이들에게는 방해를 받았다.

교육에 대한 문화적 속성에 관한 그녀의 저서에서,[4] 엘라 미첼(Ella Mitchell)은, 사람들과 함께 일할 때 문화적 감수성의 중요성에 관하여 이야기 한다. 그녀는 많은 아프리카계 미국인 교회의 교육 사역에서 나타나는 몇 가지의 문제점들을 지적하고 이것의 일부를 그 공동체의 문화적 특성에 대한 주의력 부족의 탓으로 돌린다. 그녀는 흑인 교회가 백인들의 교회 학교의 방식을 채용하는데 너무 조급하여 가장 중요하게 그것의 강력한 구전 전통, 자신의 공동체에 대한 중요 문화적 가치관을 잃어버렸다고 본다. 그러한 문화의 전통에 뿌리박은 중요한 이야기 기술에 아프리카계 미국인을 관련되게 함은 거대한 문화를 나타내는, 그녀가 "인쇄물로 과대 포장된 매력"[5]이라 칭하는 것의 장애물이 되었다. 우리가 사역에 있어 충성하기 위해서는 우리가 교육하는 그러한 문화적 속성에 주목해야 한다.

신학적 속성

사람들은 그들의 생물학적, 정신적, 문화적 속성과 반드시 같지 않다. 기독교교육자로서 우리는 우리 인간의 정체성에 중요한 또 다른 관점인, 신학적 관점을 주장한다. 내가 강조하고자 하는 인간에 관한 이러한 마지막 관점인 인간이라는 것이 무슨 의미인지에 관한 성경적이고 신학적인 사고를 할 것과 어떻게 이러한 이해가 우리의 교육 사역을 구체화시킬 것인가에 대해 사고하도록 요구한다.

그리스도인으로서 우리는 우리가 "하나님 보다 조금 못하게"(시 8:5) 지음 받은, 하나님의 형상으로 창조되었다고 생각한다. 그러나 성경은 또한 우리가 유한하고, 제한된 존재, 죄인이자, 흙보다 조금 나은(창 3:19) 존재라고 말하고 있다. 사도 바울은 우리가 은사(고전. 12장)를 받았으며 이들을

---

4) Ella P. Mitchell, "Oral Tradition: Legacy of Faith for the Black Church" *Religious Education* 81, no. 1 (winter 1986): 73-112.
5) Ibid., 111.

교회와 세상을 위하여 계발하고 사용하도록 부름을 받았다고 주장한다. 그러나 그는 또한 우리가 부서지고 깨어지는 그릇, "질그릇"(고후 4:7)에 불과함도 인정하였다. 인간이라는 것이 의미하는 성경적 이미지는 확실히 복잡다단하다.

이러한 관점을 거론하는 것의 중요성은 우리가 그것에 관해 인식하든 그렇지 못하든 간에 우리의 교육 사역에 영향을 끼치는 신학적이고 성경적인 관점에서 우리 자신을 보는 방법인 나의 신앙으로부터 성장한다는 데에 있다. 만일 우리가 인간을 단지 죄인이자 본래부터 타락했다고 본다면, 우리의 교육적 노력들이 교리화 되기 쉽다. 우리는 이들 학생들에게 올바른 사고를 심어주어야만 한다. 우리는 그들이 올바르게 행동하도록 해야만 한다. 우리는 그들 안에 "하나님을 경외하는 마음"이 자리하게 해야만 한다. 우리는 항상 절제해야만 하며, 규율과 규칙은 우리의 교육 환경에서 매우 중요해 진다. 그러나 만일 우리가 인간이 유한하고, 연약하며, 죄인이라는 것과, 또한 하나님의 형상으로 창조되었으며 무한한 잠재력과 가능성을 지닌 존재라는 것을 볼 수 있다면, 우리는 마음껏 탐구하고, 질문하고, 새로운 것들을 시도하며, 우리 내면의 영적인 활동에 열려있게 된다. 우리는 우리가 교육하는 사람들에 관하여 가지고 있는 신학적이고 성경적인 관점들에 대해 신중하게 생각하는 것이 중요하다. 그러한 관점들이 우리가 어떻게 교육 사역을 할 것인가를 구체화한다.

우리가 교육하는 "사람들"에 대한 복잡성을 인식함은 우리 사역에 있어 중요하다. 우리는 신앙 공동체 안에서 각 사람의 특별하고, 독특한 속성에 대해 신중하게 주목할 필요가 있다. 우리는 각 사람의 성장과 학습을 형성하고 영향을 끼치는, 생물학적, 정신적, 문화적 그리고 신학적인 다양한 요소들에 주목할 필요가 있다. 그렇게 함으로써 우리가 교회에서 교육하고 학습할 때 모든 사람들을 위한 공간을 만들 수 있을 것이다.

인간 발달 이해하기

인간은 성장한다. 인간은 나의 할머니가 말씀 하셨듯이, "완전히 성장하여" 세상에 나오지 않는다. 그들은 일생을 통하여 변화하고 성장한다. 우리의 교육 사역에서 참가자들을 효과적으로 교육하기 위해서, 우리는 인간 발달에 대한 다소의 이해를 필요로 한다. 기독교교육에 관한 개요에 대해 주제를 다루기가 너무 까다로움에도 불구하고, 인간 발달과 내가 여러분에게 인식과 사고를 요구하는 그것에 대한 접근에 관련된 어떤 중요한 문제점들이 있다.

우리는 확실히 사람들이 어떻게 성장하고 변화하는지에 관한 통찰력을 제공하는 유효하고 다양한 발달 이론들을 가지고 있다. 특별히, 진 피아젯(Jean Piaget)의 인지 발달 이론, 에릭 에릭슨(Erik Erikson)의 심리 발달 이론, 그리고 제임스 파울러(James Fowler)의 책 신앙 발달 이론은 교회에서 교육 사역을 하는 이들에게 많은 도움이 된다.[6] 나는 독자들이 이들 다양한 이론적 접근들을 경험할 것을 권한다. 그러나 여기서 나의 목적은 어떤 특정한 이론에 초점을 맞추는 것이 아니라, 개괄적으로 발달 이론을 살펴보면서 우리가 교육하는 사람들과 사역할 때 이러한 관점에 관하여 기억할 필요가 있는 것을 고찰하는 것에 초점을 맞춘다.

모든 발달을 변화하지 않는 양식, 획일적 방식의 한 종류, 불변 하는 순서를 따르는 특정한 일련의 단계들로 보아서는 안됨을 기억하는 것이 중요하다. 많은 이론들, "단계"라 불리는 이론들이, 사람들이 어떤 특정한 발달

---

[6] 발달이론을 좀 더 읽고자 한다면 다음과 같은 책을 추천한다. Jean Piaget and Barbel Inhelder, *The Psychology of the Child*(New York: Basic Books, 1969); Hans G. Furth, *Piaget for Teachers* (Englewood Cliffs, N.J.: Prentice-Hall, 1970); Erik Erikson, *Childhood and Society*, 2d ed. (New York: W. W. Norton, 1963); Erik Erikson, *Identity: Youth and Crisis* (New York: W. W. Norton, 1968); and James Fowler, *Stages of Faith* (San Francisco: Harper & Row, 1981). 게다가 Fowler의 저서는 뒤따르는 신앙발달에 관한 논의에 도움을 주고 있다. John

과정으로 따르는 경향이 있는 다른 계단 또는 단계들을 기술하고 있으나, 우리는 사람들이 항상 그러한 직선적, 이론적, 단계적인 방식으로 성장하지 않음을 상기할 필요가 있다. 거기에는 우리 신앙 여정의 반전과 회전이 존재하므로 항상 그 이론적 범주에 들어맞는 것은 아니다.

이러한 이유로, 나는 발달 이론들을 *기술적으로*, 어떤 특정한 사람의 일생에 있어서 특정한 순간에 일어날 지도 모르는 것을 기술하도록 돕는 도구로 보는 것이 중요하다고 생각한다. 우리는 그러한 이론들을 *사람*으로 시작할 때 묘사적으로 사용하며 특정한 행동과 반응들을 관찰한다. 예를 들면, 우리는 아이가 논리적으로 사고하고 개념을 다루기 시작하는 것을 알 수 있으며, 이때 우리는 피아제의 인지 발달 이론으로 전환하여 아이의 발달 과정에 대한 통찰력을 얻으며 그 과정에서 우리가 어떻게 도울 수 있는지를 알 수가 있다.

문제는 우리가 이들 이론을 규범적 형식으로 사용할 때 발생한다. 우리는 이론과 그 범주들로 시작할 때 이렇게 하며 사람들을 거기에 짜 맞추려고 한다. 우리는 그것과 그러한 이론은 두 살짜리에 관하여 이렇게 이야기한다고 말할 때 이론을 규범적으로 사용한다. 조니는 두 살이다. 그리고 그러므로, 이것은 조니와 같다. 그리고 만일 그가 아니라면, 무엇인가 잘못되었다.

우리가 발달 이론을 규범적으로 사용할 때, 우리는 그것으로 판단하는 경향이 있고, 누군가 어떠한 기준에 "부합되는지" 또는 어떠한 틀에 들어맞는지 알아보기 위한 방법으로써 그것들을 사용한다. 만일 사람이 그렇지 못하면, 이때 우리는 그 사람에게 뭔가 잘못이 있다고 생각하고, 그 사람에게 큰 피해를 입힐 수 있는 꼬리표를 붙인다. 우리는 아이들을 "느린" 또는 "미성숙한" 것으로 간주하며 그들은 그러한 호칭에 의해 소외된다.

Westerhoff, *Will Our Children Have Faith?* (New York: Seabury Press, 1983), and Kenneth Stokes, *Faith is a Verb*(Mystic, Conn.: Twenty-third Publications, 1989).

그러나, 우리가 발달 이론을 규범적으로 사용할 때, 그것들은 우리가 사람의 발달 과정에서 일어나거나 일어나지 않을 수 있는 것을 이해하도록 돕는 도구가 된다. 하지만, 그 이론은 그 사람이 누구인지는 말해주지 않는다. 대신에, 우리가 그 사람 그리고 그가 누구인지로 시작한다. 우리는 그를 어떤 특별한 틀 안에 짜맞추려 하지 않는다. 이것이 우리로 하여금 사람들 자신의 발달을 실제로 도울 수 있는 그리고 그들이 필요로 하는 도움과 자료들을 제공하는 더 큰 자유와 유연성을 제공한다.

나는 독자가 우리가 취한 모든 이론적 접근, 우리가 사용하는 이론이 비판적임을 깨달을 수 있으리라고 생각한다. 우리가 이론을 사용하는 방법에 덧붙여서, 발달 과정에 관한 중요한 이해들은 교육사역의 참여자들과 함께 하는 우리의 사역을 위해 중요하다. 나는 이것들을 전체 발달적 접근에 관하여 우리에게 관점을 제공하는 발달 원리로 간주하길 좋아한다. 그러한 네 가지의 원리를 열거해 보고자 한다.

1. 발달은 다면체적인 과정이다. 이러한 원리는 분명해야 하나, 여기서 강조점을 지닌다. 간단히 말하면, 이러한 발달 원리는 우리로 하여금 발달은 수많은 면들 또는 "모습들"을 지니고 있음을 상기시킨다. 우리는 삶에 있어서 단 한 가지 면만이 발달되지 않는다. 우리는 전인적으로 성장하고 변화한다. 인간으로서, 우리는 생물학적으로, 정신적으로, 사회적으로, 인식적으로, 신앙 여정에 있어서 등이 발달한다. 그것은 우리가 발달에 관한 이들 수많은 면들을 보고 이해하며 우리의 사역에서 그것들에 주목함은 교회의 교육 사역에 있어서 매우 중요하다. 우리는 단지 신앙 발달에만 초점을 맞출 수 없고 다른 면들이 존재하며 우리의 노력에 영향을 미친다는 사실을 망각한다. 이것은 논리적으로 다음 원리로 이어진다.

2. 발달은 연속적이고, 밀접한 관계를 가진 과정이다. 인간이 발달하는 다양한 방식은-생물학적으로, 인식적으로, 정신적으로, 사회적으로, 그리고 등등-서로 연결되어 있으며 관계하고 있다. 발달에 관한 이들 면들이 다른 사

람들과 분리해서 발생하지 않는다. 나는 여러분 대다수가 다양한 이유로 인해 격리되어서, 거론되거나 또는 다뤄지거나 또는 언급되지 않은 유아들에 관하여 실시된 연구에 대해 들어보았을 것이라고 확신한다. 그들이 적절한 영양 공급과 신체적 돌봄을 받음에도 불구하고, 그들은 여전히 잘 성장하지 못하며 많은 수가 일찍 죽는다. 그들의 생물학적인 발달은 그들의 정신적이고 사회적인 행복과 관계가 있음이 명백하다.

인간은 전인적이고, 통합적 인격임을 깨닫는 것이 중요하다. 우리의 교육 사역에 있어서 인간 발달의 한 면만 분리하여 그 전 생애를 통하여 무슨 일이 일어나는지를 간과하지 않는 것이 매우 중요하다. 우리가 교회에서 어린이들, 청소년, 그리고 어른들이 그들의 신앙에 관하여 진지하게 사고하고(인지적 발달), 성장할 수 있기를 원하나(신앙적 발달), 우리는 또한 그들이 인간으로서 안전하고 자신감을 느끼는지(정신적 사회적 발달), 그리고 그들이 적절하게 영양분을 공급받고 신체적 필요가 충족되는지(생물학적 발달), 그들의 가정과 가족 내에서 일어나는 일에 주목할 필요가 있다. 이러한 모든 것들이 상호작용하여 개인의 신앙 성장을 유지하고 양육하는데 도움이 될 것이다.

3. 발달은 다양한 영향을 받는다. 모든 다양한 실제 안에서 우리의 발달을 형성하고 영향을 미치는 수많은 요소들이 존재한다. 우리의 생태와 문화는 우리가 어떻게 발달하는지에 있어서 중요한 역할을 한다. 이는 우리의 성장이 우리가 태어난 유전적 요소들과 우리가 살고 있는 환경에 의해서 형성됨을 의미한다. 이러한 천성/교육의 문제들이 지난 수세기 동안 뜨겁게 논의되어왔으나, 그 증거는 그것이 어느 한쪽/또는 이 아니라 둘 다/그리고 임이 명백해 보인다. 우리 주위의 세상, 주어진 순간에 맞닥뜨린 상황, 그리고 우리의 내적 생태 모두 우리가 어떻게 발달하는지에 있어서 중요한 역할을 한다.

우리가 기억하는 필수적인 것은 우리가 교육하는 사람들의 삶에 영향을 끼치며, 우리가 이들 다양한 영향력에 주목하는 것이 중요하다. 사람의 발달에 방해를 받은 것으로 보일 때, 우리는 아이들로 하여금 다른 사람을 신뢰하지 못하게 방해하는 폭력적인 가정환경과 같은 요소를 발견하여 변화의 중요한 역할을 할 수 있다. 때때로 우리는 전혀 음악적 재능을 발휘하지 못하는 음악가 집안 출신의 아이와 같이, 그들의 주어진 정체성에 관하여 수용하는 것을 도우며, 가치를 얻고 세상에 기여하는 자신만의 은사를 가진 하나님의 유일무이한 자녀로서 자신을 평가하도록 돕는다.

4. 발달은 변형이 가능하다. 이러한 마지막 원리는 우리의 교육 사역에 커다란 희망과 가능성을 가져다준다. 그것은 만물이 태어날 때부터 운명 지워지고 미리 정해진 것은 없다는 뜻이다. 그것의 의미는 발달이 경직되거나, 부동의 과정이 아니어서 우리가 단순히 방관자로서 그 과정을 지켜보아야만 한다. 이 원리가 우리에게 상기시키는 것은 변화와 새로운 삶을 가져오기 위해 애쓰시는 하나님께서 세상에서 사역하고 계신다는 것이다. 우리는 그 안에서 향유할 수 있다. 우리는 또한 하나님의 변화 사역에서 중요한 역할을 하도록 요구할 수 있으며 우리가 교육하는 사람들의 삶을 의미 있게 할 것이다.

이러한 두 번째 원리는 우리가 불가능하고 결코 변화하지 않을 것이라고 생각하는 십대들에 대해 새로운 시각으로 바라볼 것을 요구한다. 그것은 우리가 그러한 청소년에 영향을 미치는 방법을 탐구하거나 영향을 미칠 수 있는 자를 찾도록 요구한다. 그것은 예수님과 닮기를 요구 한다: 이면을 보도록 하며, 사람들이 변화할 가능성을 믿도록 하며, 실제로 사람들의 지도자가 될 수 있었던 거칠고 다듬어지지 않은 어부 베드로와 같은 가능성을 볼 것을 요구한다. 인간 발달은 역동적이고 변화의 과정이며, 우리의 교육 사역에 희망과 경이로움을 가져다준다.

인간의 학습법

나에게는 컴퓨터를 조립하는 사업을 하는 한 친구가 있다. 한번은 그가 자녀들의 설득으로 마침내 컴퓨터에 입문하게 된 나이 지긋한 한 고객에 대한 이야기를 하였다. 이 사람은 나의 친구에게 조립해 줄 것을 요구하였다. 그 친구는 그렇게 하였고 그것을 설치하러 그 신사의 집으로 가져갔다. 그 사람이 컴퓨터에 익숙해 질 수 있도록 도와주며, 한동안 작업을 하고 있을 때, 그 신사가 잠시 멈추고 얼굴에 놀라움을 나타내며 스크린을 응시하였다. 그가 드디어 나의 친구를 돌아보더니, 나지막한 공손한 목소리로 말하였다, "어떻게 알 수 있죠?"

어떻게 아는가? 우리가 인간으로서 어떻게 아는가? 과학은 우리의 두뇌가 가장 복잡하고 고도로 발달한 컴퓨터 보다 더욱 복잡하다고 말한다. 그렇다면 사람들이 학습하는 방법 이해하기를 어떻게 시작이라도 할 수 있는가? 내가 사람들의 학습법에 관한 주제를 연구 하면 할수록, 나 또한 인간의 학습 과정의 풍부한 복잡성에 관하여 경탄을 금치 못하며, 어떻게 아는가? 궁금하다.

그러나 학습은 교육의 핵심이며, 그러므로 삶들이 학습하는 방법에 관하여 이해력을 가지는 것이 중요하다. 다시 말해서, 이 주제는 이러한 관점과 기독교교육에 대한 서론을 심층적으로 다루기에는 너무 복잡하다. 여기서 나의 목적은 학습 과정에 관하여 인식할 것을 요구하며, 학습이 어떻게 일어나는지에 관한 통찰력을 제공하며, 아마도, 독자로 하여금 교회 교육 사역에 대한 이렇게 중요한 주제를 좀 더 탐구하도록 고무할 것이다.[7] 우리의 토론은 인간의 두뇌와 두뇌 작용의 이해에 기초한 교육에 대한 연관성을 훑어보는 것으로 시작된다. 그 후 우리는 학습 과정 자체와

---

[7] 다음의 저서는 교회 안에서 제공되는 교육을 위한 관련 주제이고 특히 사람들이 어떻게 학습하는지 발견하는데 도움이 된다. Renate N. Caine and Geoffrey Caine, *Making Connections: Teaching and the Human Brain* (Alexandria, Va: Association

통찰력을 잠시 고찰하며 이는 교육 사역에 관해 "사람들"과 함께하는 우리의 사역을 포함한다.

인간의 두뇌

"인간의 두뇌가 가장 섬세하게 조직되어 있으며, 우주에 알려진 가장 기능적인 3파운드의 물체이다."[8] 과학은 두뇌가 어떻게 작용하는가에 대한 우리의 이해를 돕는데 장족의 진보를 하며 학습에 관한 우리 지식을 날마다 더한다. 우리가 교육하고 학습하는데 대하여 두뇌와 결과적 연관성에 관한 다음의 정보를 고찰하라.

- 우리의 뇌는 신경교 세포(glial cells, 지원 세포)와 같이 100만개의 뉴런(neurons, 신경 세포) 곱하기 10배를 가지고 있다. 일반인의 머리에는 10만개의 머리카락이 있으므로, 당신의 뇌에 있는 신경세포의 수와 수백만의 사람들의 머리에 있는 모든 머리칼의 수가 같을 것이다. 이러한 모든 두뇌 세포는 매우 작고 고도로 상호 연결되어 있다. 이러한 한 가지 사실만으로 두뇌는 온갖 종류의 자료를 처리하고 그것이 인식하는 다양한 정보들을 연결하도록 설계된 매우 복잡한 기관이다. 본질적으로, 과학적 발견은 우리의 두뇌가 원래부터 학습하기 위해 설계되었다는 것이다. 학습은 우리가 교육하고자 하는 사람들에게 언제나 계속된다. 교육자로서 우리의 사역은 학습을 구체화하는 것이지만, 그것을 이루는 것은 우리에게 달려있지 않다.

- 두뇌는 매우 "성형적"이다. 이는 그것이 개조할 수 있고 가변적이라는 뜻이다. 우리는 두뇌의 물리적 구조가 우리의 경험의 결과로서 변

---

for Supervision and Curriculum Development, 1995); and Bernice McCarthy, *About Learning*(Barrington, Ill.: Excel, 1996). 또한Israel Galindo, *The Craft of Christian Teaching* (Valley Forge, Penn.: Judson Press, 1998)를 보라. 특히 3, 4장을 참조하라.
8) Sylwester, 1. 여기에 논의된 두뇌에 대한 정보는 Sylwester의 저서에서 발췌하였다.

화함을 발견한다. 이것이 의미하는 바는 교육에서 우리가 사용하는 경험들을 통하여 두뇌가 학습하는 방법을 변경할 수 있다. 이것은 어떤 교사들이 오늘날 아이들이 그들이 했던 것과 다르게 학습함을 화두로 삼기 시작하는지에 대한 설명을 돕는다. 컴퓨터의 사용과 멀티미디어 경험에 노출됨의 증가는 실제로 두뇌의 구조를 새로 형성한다. 레나테(Renate)와 죠프리 케인(Geoffrey Caine)은 그들의 교육과 인간의 두뇌에 관한 저서에서, 유대인들의 잠언을 인용 한다. "자녀들을 당신 자신의 지식에 제한하지 말라. 그들은 다른 세대에 태어났음이라."9) 그 암시는 명백하다. 우리는 새로운 교육 방식과 교회 교육 프로그램에 있어서 정보를 제공하는데 열려 있어야만 한다.

- 이전의 연구에서 밝혀진 바와 같이, 두뇌의 좌측과 우측 반구 사이에는 큰 차이가 있음에도 불구하고, 증가되는 증거는 이들 두 반구가 "뒤얽혀 상호작용"10)을 하므로 두뇌를 다양한 방식으로 동시처리가 가능한 유기적 통일체로 이해할 필요가 있다. 이것의 교육에 대한 의미는 전체 두뇌에 관련된 방식으로 교육할 필요가 있음을 뜻한다. 성경 이야기를 아이들에게 가르칠 때, 우리는 그들로 하여금 그 이야기에 관한 기본적 정보(우리가 그 이야기의 일부로 부르게 되는)를 학습하도록 도울 필요가 있을 뿐만 아니라, 또한 그 이야기 속으로 들어가 완전하게 체험하도록 도울 필요가 있다. 드라마 또는 역할 연기와 같은 활동들은 그들로 하여금 그 이야기에 몰입하도록 하는 방법이며 두뇌가 완전한 두뇌 학습에 관여하도록 돕는다.

- 두뇌는 우리가 위협을 받거나 스트레스를 받을 때 "다운시프팅(downshifting, 속도 늦추기)"11)이라 불리는 과정에 관여 한다. 본질

---

9) Caine and Caine, 13.
10) Ibid., 91.

적으로, 우리는 우리로 하여금 신체를 유지하도록 돕고 물리적으로 살아남도록 설계된 두뇌의 일부인 파충류의 두뇌로 변속한다. 이것이 이루어질 때, 두뇌의 학습 능력은 감소하며 창조적인 일에 관여하는 능력은 제한된다. 교육적으로, 이것은 사람들이 그렇게 하도록 위협을 받는 것이 아니라, 생각하고 성장하도록 고무될 여유롭고 안전한 환경의 중요성을 암시한다. 이것은 두뇌와 그것의 학습법에 관하여 밝혀진 것의 맛보기에 불과하다. 이들 짧은 단편적 지식을 나눔에 있어서의 나의 바램은 여러분이 교회의 교육사역을 위하여 두뇌가 학습하는 방법 이해하기의 중요성을 알게 되는 것이다. 나는 여러분이 두뇌와 협력하여 지식을 고양하는 교육 방법을 발견하길 바란다.

우리의 학습법

소설 『A Woman's Place: 여성의 자리』에서, 마리타 골든(Marita Golden)은 크리스탈(Crystal), 세레나(Serena), 그리고 페이스(Faith), 세 명의 흑인 여성과 그녀들 자신의 정체성을 찾으려는 노력에 대하여 이야기한다. 페이스가 대학에서 그녀의 갈등에 관하여 이야기 하는 곳이 소설의 핵심이다. 그녀는 다음과 같은 불평을 한다. "나는 그들이 우리에게 알기 원하는 한 가지 이상의 학습법이 있었으면 하고 바랄뿐이다. 그러나 완전히 하나의 책에서 습득하여 한 장의 종이 위에 되돌려야만했다." [12] 페이스가 직면한 문제는 우리 모두가 같은 방식으로 학습한다는 잘못된 생각이었다. 실제로 한 가지 이상의 학습 방법이 있고, 교회에서 충실하게 교육하기 위해서는 우리가 이러한 진리에 민감할 필요가 있다.

우리 각자는 우리가 인식하고 자료를 처리하며 우리 주위의 세상으로부터 경험하여 세상에 의미를 부여하는 행동 양식으로 구성된, 자신의 독특한 학습 방법으로 배움에 접근다. 우리의 학습 방법은 수많은 요소들,

---

11) 이 과정에 대해 탁월한 논의를 위해서 Caine and Caine의 저서 특히 6장을 보라.
12) Marita Golden, *A Woman's Place* (Garden City, N.J.: Doubleday, 1986), 21.

우리의 특별한 유전적 기질, 우리의 인격, 우리의 특별한 삶의 경험들, 그리고 우리 자신을 발견하는 학습 상황의 요구에 의해 형성된다. 그것들이 형성되어 있지만, 우리 각자 학습에 대해 선호하는 접근법을 가지고 있는 경향이 있다.

우리가 자신이 선호하는 방법을 가지고 있으나, 학습 과정 자체는 두 가지의 기초 요소들로 형성되어 진다. (1) 우리가 주위의 세상으로부터 인지하고, 지각하고, 자료, 정보를 받고, 경험하는 방법, (2) 그리고 그러한 자료와 정보를 처리하고 다루며 의미 있는 지식으로 통합하는 방법이다. 우리가 인식과 처리에 관한 다른 방법들을 선호하므로 차이가 발생한다.

얼마나 자료를 즉시 인식하는가에 관한 토론은 우리를 우리의 오감으로 인도한다. 우리의 오감은 우리가 자료를 취하고 우리 주위의 세상을 경험하는 첫 번째 경로이다. 학습 방법에 있어서 차이점을 이해할 수 있는 한 가지의 방식은 우리가 오감에 관계하는 방법에 주목하는 것이다.

웨인 제임스(Waynne James)와 마이클 갈브레이스(Michael Galbraith)는 한 학생 집단을 연구하여 그들이 학습에 어떻게 접근하는지를 알아보고 그들이 학습할 때 사용하길 선호하는 감각 통로와 관련이 있는 어떠한 범주로 자신들을 분류하는 경향이 있음을 발견하였다.[13] 그들은 자신들의 연구에서 학습자들에 관한 일곱 가지 그러한 범주들을 언급 한다.

1. **시각:** 시각적 감각을 선호하는 사람들은 관찰을 통해 학습하는 경향이 있다. 그들은 그림, 챠트, 그래프, 도표, 그들이 볼 수 있는 증거물과 같은 시각적 자극물을 필요로 한다. 이러한 사람들은 장소를 찾으려 할 때 문자화된 지침서 보다는 지도를 필요로 한다.

2. **인쇄물:** 제임스와 갈브레이스는 그들의 시각적 경로를 선호하는 사람들에게서 특징을 발견하였다. 어떠한 사람들은 우리가 페이지에 인쇄

---

13) Waynne James and Michael Galbraith, "Perceptual learning styles: implications and techniques for the practitioner," *Lifelong Learning*(January 1985): 20-23.

된 언어라 부르는 시각적 상징물을 통해 이해함으로써 최고의 학습 효과를 내는 것으로 보인다. 이러한 사람들은 문자 지향적이며 읽기와 쓰기, 문자화된 언어로 학습함으로써 최고의 학습 효과를 낸다. 그들은 그들이 읽은 정보를 쉽게 기억한다. 이러한 사람들은 지도 보다 문자화된 지침서가 더욱 효과적이라고 여긴다.

3. **청각:** 자신의 청각적 경로를 선호하는 사람은 듣기를 통해 최고의 학습 효과를 낸다. 그들은 언어로 된 것을 쉽게 기억한다. 이러한 사람들은 실제로 강의 듣기를 좋아하는 사람들이며, 그들에게는 읽는 것보다 듣는 것이 기억하기에 더 쉽다.

4. **상호작용:** 첫 번째 두 가지 범주에서의 시각과 인쇄 지침서와 유사하게, 제임스와 갈브레이스의 연구는 큰소리로 언어화하여 상대편에게 실행할 필요가 있는 학습자들을 발견하였다. 이러한 사람들은 소리내어 말하고 그들과 의논할 필요가 있다. 단순한 듣기 경험보다는, 상호작용이 그들의 학습에 효과적이다.

5. **촉각:** 이러한 사람들은 자신들의 감각 기관을 통하여 그들의 세계를 가장 잘 인식하는 사람들이다. 촉각적 학습자는 느끼고, 만지며, 대상을 접촉할 필요가 있는 사람들이다. 그들은 단순히 보고 듣는 것만을 할 수 없으며 만져야 한다. 종종 이러한 사람들은 이야기 할 때 손을 뻗어 다른 사람들을 만져야할 필요가 있다. 그들의 교육 경험은 가능한 "직접적"일 필요가 있다.

6. **후각:** 제임스와 갈브레이스가 말하는 학습에 대한 흥미로운 경로 중 한 가지는 후각적 통로이다. 이러한 사람들은 냄새와 맛의 감각을 통해 최고의 학습 효과를 낸다. 그들은 종종 생생하게 자료와 정보를 특

별한 냄새와 맛에 연결시켜 생각할 수 있다. 이것은 만일 그들이 성찬식과 그것의 참여에 관하여 학습할 때 빵 굽는 냄새를 맡을 수 있다면 그것이 이들 학습자들에게 어떠할 것인가를 상상하도록 만든다.

7. **근육운동:** 우리 중에는 그들의 몸 전체를 체험에 관련되는 운동을 통하여 최고의 학습에 접근하는 사람들이 있다. 앉거나 들을 때조차, 근육 운동 학습자는 발을 흔들거나 또는 종이에 낙서를 하거나 자주 신체의 일부를 움직일 것이다. 나는 이따금 지나치게 활동적이라고 분류된 수많은 아이들이 학습에 있어서 이러한 경로의 사용을 제한하는 학교 제도에 묶여있는 단순한 근육 운동 학습자일까 생각한다.

우리는 사람들이 일반적으로 그들이 선호하는 학습 방법으로서 단순히 이들 중 한 가지에 제한되지 않으며, 두 가지 이상을 그들의 특별한 접근법에 통합시킴을 기억할 필요가 있다. 우리의 방법은 또한 우리가 학습하고자 하는 것에 따라서 달라진다. 여기서 우리가 주목할 중요한 점은 사람들이 인식하거나 또는 그들 주위의 세상으로부터 자료와 정보를 취하는 방법의 다양성이다. 우리가 여기에 민감하고 그들에게 관련되고 도움이 되는 방식으로 학습하도록 도울 수 있는 방법을 찾는 것은 교회의 교육 사역에서 매우 중요하다.

사람들이 그들 주위의 세상을 인식하기 시작하는 다른 방법들이 존재하는 것과 같이, 또한 사람들이 그들이 가지고 있는 정보와 경험을 처리하는 다른 방법이 존재한다. 잠시 인간 두뇌에 관한 토론으로 돌아가서, 연구에 의하면 두뇌가 정보를 처리하는 적어도 다른 두 가지의 그리고 보완적인 방법이 존재함이 밝혀졌다. 한 가지 방법은 논리적이고, 수직적이고, 단계적이며, 분석적이다. 이러한 처리 방식은 전체보다는 부분에 집중하는 경향이 있다. 그것은 숲 보다는 나무에 주목한다. 이러한 처리 방식은 수직적 방식으로 한 문제에서 다른 문제로 옮기면서, 순차적으로 학습에 영향을 미친다. 또 다른 방식은 좀 더 직관적이며, 거의 손가락을 까딱할 찰나에 정보를 동시에 처리한다. 이러한 처리 방식은 부분 보다 전체를 본다. 그것은 나무보다 숲에 주목한다. 그것은 분리하기보다 통합하게 하며 시각적 이미지에 가깝다.

우리는 각기 다른 것에 비하여 이들 처리 방식 중 한 가지를 선호하는 경향이 있다. 우리 들 중 어떤 이는 사물이 논리적이고, 순차적인 형식으로 제시될 때 보다 효과적이다. 다른 이들은 이미지들을 동시적으로 습득할 수 있으며 재빨리 그것들의 의미를 이해한다. 여기서 기억해야 할 중요한 점은 두뇌는 처리 과정의 형성 모두에 관련되며, 우리는 우리의 교육적 노력에서 양쪽 과정을 간과할 때 학습에 제한을 받는 위험을 감수한다.

이러한 처리 과정의 접근법에 더하여, 또한 우리가 우리 삶의 경험들을 이해하고 의미 있게 하려고 노력할 때 관여하는 다른 행동들이 존재한다. 데이빗 콜브(David Kolb)는, 학습 방법에 관한 그의 연구에서,[14] 두 가지의 근본적인 행동들을 밝힌다. 이들 중 첫 번째는 숙고이다. 콜브(Kolb)는 연구에서 사람들이 숙고와 관찰을 통해 얻은 자료를 처리했음을 발견했다. 이러한 사람들은 깊숙이 앉아서 관찰하고, 숙고하고, 그것에 관하여 생각하는 경향이 있는 사람들이다.

그들은 종종 처음에는 토론에서 조용하며 무관심해 보일 수 있다. 그러나 그들의 내면적 대화는 대개 아주 적극적이다. 그들의 처리과정은 내면의 숙고와 관찰을 통해 지속된다.

그러나 그들이 인식한 자료와 관련하여 즉각적으로 행동하는 사람들이 있다. 콜브는 이러한 행동을 *적극적 실험*이라 부른다. 이러한 사람들은 토론에서 매우 빨리 대화하며, 운동하기 위해 제일 먼저 의자에서 일어날 것이며, 모든 지침서 또는 설명서를 읽기 전에 시험을 치를 사람들이다. 그들은 행동과 행위를 통하여 처리한다.

---

14) David Kolb, *Experiential Learning: Experience as the Source of Learning and Development* (Englewood Cliffs, N.J.: Prentice-Hall, 1984).

우리가 사람들이 어떻게 학습하는지에 관하여 생각할 때, 사람들이 그들이 얻은 자료와 정보를 처리하는 다른 방법에 주목할 필요가 있다. 어떤 사람들은 접근에 있어서 좀 더 논리적이고 일차원적일 것이다. 어떤 이는 좀 더 직관적이고 자발적일 것이다. 우리는 사용된 숙고와 행동 모두를 처리과정의 경험으로 볼 것이다. 교육자로서 우리의 문제는 모든 이러한 접근법을 처리과정에 이용하는 전인격에 관계하는 방식으로 교육하는 것이다. 이때 우리는 사람들로 하여금 그들에게 적절하고 유용한 방법으로 학습하도록 돕게 될 것이다.

소설 "catch-22"를 통털어 이것은 그들의 특별한 학습 방법과 호환할 수 있는 방식으로 가르치며 그렇게 하도록 교육하는 사람들의 경향이다. 다시 말해서, 우리는 자신에게 학습 방법을 교육한다. 결국, 이것은 우리가 학습하는 방법이며, 우리는 단순히 다른 사람들이 같은 방법으로 학습한다고 가정한다. 교육하는 우리들에게 도전은 학습에 관한 우리 자신의 접근을 확대하고, 인식하고 처리하는 다른 방법들을 연구하는 것이며, 그러므로 우리가 교육하는 사람들을 위해서 학습에 대한 가능성을 여는 것이다. 우리가 학습하는 방법을 이같이 매우 짧고 제한된 시각으로 살펴보았으나, 독자가 사람들이 학습하는 다른 방법을 존중할 필요를 깨닫게 되는 것, 그들의 교육 사역에서 여기에 민감하고 열려 있기를, 그리고 교회에서 모든 이들을 위한 교육의 장에 자리가 있음을 확신하는 것이 나의 바램이다.

요약

사람들은 교육 사역의 중심부에 있다. 노인과 젊은이, 여성과 남성, 무능력한 사람들, 많은 교양과 배경을 가진 사람들, 많은 흥미와 필요를 가진 사람들, 희망과 꿈을 가지 사람들. 나는 최근에 기독교교육 프로그램에서 지도력을 제공함으로써 시간이 지남에 따라 친숙해진 회중 속에서 예배시간 동안 앉아 있으면서 참가자들에 관한 이 장을 생각하고 있었다. 나는 주위의 사람들을 보고 내가 알고 있는 어떤 이야기들을 떠올렸다. 그녀의 삶을 위협하는 암과 담대히 투병 중이던 80대의 여인, 에디스가 있었다. 최근에 동유럽에서 두 번째 아이를 입양하고 새로운 아이를 양육하는데 많은 문제에 부딪힌 부부, 폴과 테리가 있었다. 한 친구의 최근 자살로 갈등하는 중학생 빌이 있었다. 여전히 "대예배"에 참석하길 좋아하므로 생기발랄하고 에너지가 넘치는 꼬마 에밀리가 있었다. 그들 각자 하나님의 유일하고 특별한 자녀들이었다. 그들 모두 교회가 그들의 신앙을 배우고 성장하도록 돕길 바랐다.

우리의 신앙 공동체에서 이러한 사람들과 다른 모든 하나님의 자녀들을 적절하게 교육하기 위하여, 우리는 그들의 정체성에 주의 깊게 주목할 필요가 있다. 우리는 그들의 생물학적, 정신적, 문화적 그리고 신학적-수많은 면들을 보고 이해할 필요가 있다. 우리는 그들 자신의 특별한 발달 여정에 주목하여 그들을 양육하고 지원할 방법을 찾을 필요가 있다. 우리는 그들로 하여금 그들의 학습 방법에 일치하고 신앙을 재미있게 학습하고 그것들을 즐길 수 있도록 학습 기회를 제공할 필요가 있다.

우리가 교육하는 "사람들"에 대해 생각할 때, 나는 나의 아이들에게 하곤 했던 시와 손가락 놀이가 떠오른다. 아마 대체로 여러분에게 익숙할 것이다. "여기에 교회가 있다. 여기에 첨탑이 있다. 문을 열고 들어가 모든 사람들을 보아라." 우리의 교육 사역에서 참가자들에 대한 필수적인 기본 원리에 참여함은 우리로 하여금 실제로 "볼" 것과, 실제로 모든 사람들을 인식하도록 한다. 그렇게 함으로써, 우리는 제자로서의 그들의 여정을 좀 더 신실하게 도울 것이다.

숙고와 적용

다음의 연습 문제는 독자들로 하여금 본 장에서 제시된 개념들과 관계함을 돕기 위해 제공되었다.

1. 이 장에서 제시된 네 가지의 "인간에 관한 관점"을 복습하라. 다음을 고찰하라.

   a. 어떠한 새로운 관점을 첨가하겠는가? 이 목록에서 인간을 바라보는 어떠한 렌즈(렌즈들)가 누락되어 있는가? 이 관점을 추가하려는 이유는 무엇인가?
   b. 네 가지 관점을 나열하고, 추가하는 새로운 관점들을 자신의 교인들이 이러한 관점에 얼마나 잘 주목하는가에 따라서, 자신의 교회에서 가장 주목을 끄는 관점이 1번이다. 예를 들면, 만일 자신의 교회가 실제로 구성원들의 생물학적인 필요에 주목하며, 그들에게 정성어린 도움을 제공한다면, 자신의 목록에서 생물학적인 관점이 1번이 된다.
   c. 순위를 다시 살펴보라. 자신의 교회에 관하여 무엇을 배웠으며 이 연습 문제에서 교회가 참가자들에게 어떻게 주목하는가?

2. 사람이 교회 학교 수업 참여할 때 그리고/또는 교회의 구성원이 되었을 때 어떠한 종류의 정보가 요구되는지 연구하라. 어떤 교회들은 사람들이 주일날 교회에 나왔을 때 회원으로 자신들을 제시하기 위해 작성하는 카드 또는 양식을 가지고 있다. 이것들을 고찰하는 것이 시작하기에 좋은 시점이 될 것이다. 당신은 이것이 알아야 하는 중요한 정보라고 생각하는가? 사람들에 관하여 아는데 어떠한 추가적 정보가 도움이 되는가? 이 연습 문제가 자신의 교회가 구성원들에게 주목하는 방식에 관하여 무엇을 가르치는가?

3. 이 장에서 제시된 지각 학습에 관한 자료를 복습하라. 이러한 정보를 사용하여, 다음과 같이 하라.

   a. 자신의 교회가 사용하는 교육과정 자료로부터 한 가지 이상의 강의 계획안을 분석 하라. 이러한 강의에서 사용된 지각 학습 방법의 목

록을 만들어라(즉, 시각. 인쇄물, 촉각, 등). 어느 방법을 최우선 순위로 보는가? 어느 방법이 누락되었는가? 이들 감각적 학습 경로를 좀 더 구체화시키기 위해 어떠한 조치를 취할 것인가?

b. 수업 중인 교회 학교를 관찰하라(이렇게 하기 위해서는 교사들과 학생들의 허락을 맡을 것). 이 수업에 참여해서 어떠한 지각 학습 방법을 보았는가? 어떠한 방법이 누락되었는가? 사용된 양식을 확대하기 위해 이 수업에서 무엇이 이루어졌는가?

c. 자신의 교회에서 예배를 관찰하라. 이러한 예배시간 동안 관계된 지각 학습 방법의 목록을 만들어라. 어떠한 방법이 누락되었는가? 좀 더 지각적 방법을 포함하고 참가자들을 위한 학습을 마련하고자 예배가 어떻게 바뀔 것인가?

4. 자신의 교회가 사람들로 하여금 어떻게 학습하게 하는지에 관하여 이들 각기 연습 문제가 무엇을 가르치는가? 당신의 지식을 광역 교회와 나눌 방법을 토론하라.

6장

절차와 방법: 어떻게 교육해야 하는가?

문을 두드리는 소리가 났다. "들어오세요" 하는 나의 권유에 조용히 문이 열린다. 현관 앞에 서있는 사람은 얼굴에 근심어린 표정을 한 학생이다. "잠깐 얘기 좀 할 수 있을까요?" 그가 묻는다. 나는 그를 안으로 들어오도록 권하고 내가 어떻게 도울 수 있는지를 물었다. 그가 황급히 말을 꺼낸다. 그는 몇 주 후에 자신의 교회에서 청년 수련회를 인도해야만 하며, 전에 한 번도 해 본적이 없다는 것이다. 그에게는 도움이 필요하다. 그리고 나서 질문이 나온다. 어떻게 하죠? 어떻게 해야 할지에 관해서 좀 도와주실 수 있나요? 나는 이것을 "어떻게" 질문이라 부른다. 그 학생이 묻기를, 이것을 어떻게 하죠?

그것은 우리에게 숙고를 요구하는 교회 교육 사역을 위한 우리의 마지막 기초 요소인 질문이다. 어떻게 교육해야 하는가? 그것은 의미심장한 질문이며 사람들의 학습을 돕기 위해 우리가 사용하는 절차와 방법에 주목할 것을 요구하나, 신중하게 접근할 필요가 있는 질문이다. 우리가 올바른 기술을 알고 최신 방법들을 습득하고, 문제가 풀림을 의미하는, 만일 우리가 단지 어떻게 해야 할지를 안다면 하는 가정하기란 너무나 쉽다. 교육 사역의 어떻게에 관한 문제는 그보다 더 복잡하다.

이것을 어떻게 하지요? 하는 그 학생의 질문에 대한 나의 대답은, 내가 그러한 질문을 받았을 때 통상적으로 하는 답변이다. "그것은 형편에 달렸네." 나는 그에게서 즉각적인 실망과 낙담의 눈빛을 볼 수 있다. 그는 내가 "그것은 형편에 달렸네."라고 대답하는 대신, 정확하게 어떻게 해야 성공적인 수련회가 보장되는지 말해 주길 바라고 있었다. 그러나 그것은 형편에 달렸다. 그것은 교육과 우리가 사역하는 목적에 대한 우리의 이해에 달려있다(지시를 위한 교육은 사회화를 위한 교육보다 다른 절차를 요구할 것이다). 그것은 우리가 사역하는 상황, 가르치는 내용, 그리고 참가자들이 누구인지에 달렸다. 그것은 또한 교사와 지도자의 기술과 능력에 달렸다. 이들 모두가 우리가 교육하는 방법을 형성할 것이다.

어떻게 해야 할지에 관한 질문에 그러한 대답을 듣는 것은 유용하지 못하다. 우리는 쉬운 해결책을 원하지만, 교회의 교육 사역은 풍부하고 다양성을 지닌 사역이며 복잡한 문제들과 씨름할 것을 요구한다. 그것은 우리의 최선의 노력을 요구하며, 이 책에서 논의된 다른 근본적인 기초 요소들에 제공한 것과 같이 신중하게 주목하여 어떻게 해야 할지에 관한 질문에 접근할 필요가 있음을 의미한다.

독자들에게 다시 한 번 이 부분을 다루고자 하는 목적은 특별한 상황 속에서 교회 구성원들이 교육하려 할 때 통찰력을 제공하는 절차와 방법에 관한 토론에 참가하는 것임을 상기시키기 위해서이다. 사용할 방법에 관한 목록을 제공하려는 것이 아니다.

더 나아가기 전에, 나는 내가 사용하는 용어에 관하여 언급할 필요가 있다. 여러분은 내가 *절차*와 *방법*에 대하여 이야기함을 알게 될 것이다. 이 용어들은 같은 것을 의미하는 것으로 자주 사용된다. 그러나 여기 토론에서는 그것들을 구분하고자 한다. 나는 교육에서 우리가 사용하는 광의적 접근을 언급할 때 절차(Process)를 사용한다. 절차는 우리가 목적을 달성하기 위하여 취하는 일련의 행위이다. 우리는 우리가 선택하는 과정 안에서 다양한 방법들을 사용하나, 절차는 우리가 어떻게 진행할 것인가에 대한 광범위한 개요를 제공한다. 방법(Method)은 우리가 그 절차를 수행하는 그러한 특정 행위와 기술을 의미한다. 이 장에서 우리 토론의 초점은 절차가 될 것이다. 절차는 사용할 방법들을 우리에게 제공해 줄 수많은 좋은 자료들이 거기에 존재한다는 나의 특별한 믿음에서 기인한다.[1] 우리가 필요로 하는 것은 교육 사역을 성취하도록 도울 수 있는 적절한 방법들을 선택하는 어떠한 기준을 갖기 위한 절차에 관한 이해이다.

그것은 절차와 방법에 관하여 내가 세운 어떤 기초 가설을 나눔으로써 시작하는 것이 중요하다. 이들 가설은 다음과 같은 토론을 구체화한다. 그들 또한 잘못된 개념과 마주친다. 나는 교육하는 방법과 관련하여 교회의 교육사역에서 종종 본다. 나의 가설들은 다음과 같다.

---

[1] "For Further Reading" 은 방법에 관한 선정된 추천도서임.

1. 절차와 방법이 교육하거나 가르치지 못한다. 사람들이 한다. 우리가 선택하는 절차와 우리가 사용하는 방법들은 단순히 우리로 하여금 가르치고 학습하도록 돕는 도구일 뿐이다. 교회에서 많은 시간과 많은 자료들을 소비하기보다 가르치도록 부르심을 받은 사람들에게 올바른 접근 또는 방법을 찾고자 노력하라. 그들은 우리가 선택하는 어떠한 절차나 방법에 활력을 제공하는 자들이 될 것이다. 나는 예수님 시절에 기사와 비유를 이야기한 다른 사람들이 있었음을 확신하나, 예수 안에서 사람들이 본 것은 그의 가르침에 대한 성육신이었다. 그것은 그 주위의 사람들을 변화시킨 그의 살아 있는 출현과 같이 그의 절차와 방법이 그렇게 많지 않았다. 교사들의 기술과 능력에 주목하고 그들이 가르치는 진리를 어떻게 구체화하는지를 발견하도록 돕는 것은 우리 교육 방법의 한 중요한 부분이다.[2]

2. 절차와 방법은 우리가 사용하는 상황에 따라 형성된다. 교육하는 방법은 주어진 환경의 특수성에 의해 좌우된다. 이러한 가정은 "획일적인 방식" 또는 그러한 접근 또는 모든 환경에서 동일하게 작용하는 방법인 잘못된 개념에 이의를 제기한다. 간단한 예는 시각적으로 장애가 있는 사람들과 함께 일하는 것을 생각해 보는 것이다. 나는 시각 교재를 활용하는 사람이며 그림, 스케치, 그리고 교육할 때 칠판 위에 필기하기를 좋아한다. 그러나 보지 못하는 사람들에게, 이러한 접근은 도움이 되지 못하며, 다른 방법들을 발굴하여 사용해야 할 것이다. 사용할 절차와 방법을 선택할 때, 우리는 실제로 연관 되는 방법으로 교육하기 위하여 환경, 사람들, 내용에 대해 생각해보아야한다.

3. 절차와 방법은 우리가 교육하는 목적과 일치해야만 한다. 교육하는 방법은 우리가 교육하는 이유와 부합되어야만 한다. 절차와 방법을 선택함에 있어서 우리는 우리가 추구하는 목표를 기억하기 원한다. 만일 우리가

---

2) "For Further Reading"은 교사들의 사역을 위한 자료에 관하여 선정된 추천도서임.

오늘날 세상에서 그리스도의 제자가 되고, 자비와 공의의 예수님의 사역에 지속적으로 봉사하고자 하는 사람들을 교육하길 추구한다면, 절차와 방법이 이를 증명하고 사람들로 하여금 그것이 무엇을 의미하는지 배우는데 실제로 도움이 되어야만 한다. 수많은 성인 교회학교 수업에서 전통적인 방법인 강의에 의지하여, 사람들로 하여금 제한된 접근으로 보이는 섬김의 의미를 배우도록 돕는 것이다. 실제 봉사에 참여하는 사람에게 있어 집중 훈련 경험이 우리로 하여금 제자도에 대한 우리의 비전을 성취하도록 돕는데 훨씬 더 적절해 보인다. 절차와 방법은 우리의 비전에 부합되어야 하고 우리로 하여금 그것을 교육하도록 도와야 한다.

4. 방법에 집중하는 경향이 있다. 대개 교회에서의 강조점은 우리가 참여할 절차의 광의적 문제에 관한 것 보다 우리가 사용하는 방법에 있다. 우리는 우리의 문화 속에서 과학기술에 빠져있으며 쉽게 최신 기술 또는 무엇을 하는 도구에 사로잡힌다.

우리는 교회 컴퓨터 사용률의 증가로 이것을 알 수 있다. 컴퓨터는 훌륭한 교육 도구가 될 수 있으나, 너무나 빈번하게 때와 장소에 적절한지 또는 그렇지 않은지 신중하게 고려하지 않은 채 선택적인 최신 방법으로 사용되고 있다. 절차에 대한 광의적 문제에의 접근은 우리에게 전체상(Big Picture)을 고려하고 어떤 방법이 적절한 시기와 그렇지 못한 시기를 알 수 있는 기회를 제공한다. 주로 방법에 집중함은 전체적인 춤을 보는 것이 아니라 개인의 몸놀림에만 집중하는 무용수와 같다. 무용수와 같이, 우리는 어찌해야 할 바를 모르며, 그 결과는 종종 어색하고 앞뒤가 맞지 않는다.

5. 우리는 유효성이 입증된 방법들에 의지하는 경향이 있다. 배운대로 가르친다는 옛 속담이 있다. 우리는 또한 자신의 학습 방법으로 가르친다. 우리는 이것이 학습을 성취하며 익숙하고 편안한 것을 지속시키는 방법이라고 생각한다. 그러나 이는 환경, 내용, 또는 학생들이 또 다른 접근을 요구할 때 가르치는 우리의 능력을 제한 시킨다. 예를 들어보자. 누가복음 13:10-17

에서 꼬부라진 여인을 치료하는 기사는 다양한 교육 환경에서 내가 몇 번 인용했던 이야기이다. 내가 이야기를 시작할 때, 나는 대체로 이 구절에 관한 토론에 학생들을 참여시키곤 한다. 나는 토론을 주관한 많은 경험을 가지고 있으며, 그것은 나에게 있어 매우 익숙한 방법이었다. 그러나 나는 무엇인가 빠져있다는 것을 깨닫게 되었다. 그 이야기의 내용과 학생들의 학습 욕구는 토론 이상의 무언가를 요구하였다. 내가 역할 연기를 시작했을 때 사람들은 연기하며 꼬부라지는 체험을 구체화 할 수 있었고, 그 통찰력은 새로운 차원에서 시도한 학생들에 의해 얻어졌다. 학생들은 다른 방법으로 인하여 그 이야기를 다른 차원에서 참여할 수 있었다. 내가 익숙한 방법들을 넘어서 새로운 방법으로 옮길 수 있었을 때, 나의 학생들의 교육은 풍성해졌다.

문제는 신앙 공동체 내에서 우리의 교육 사역을 강화하기 위하여 방법에 대한 목록을 늘리는 것이다. 내가 언급했던 절차와 방법에 관해서 여러분과 여러분의 교회가 만든 것이거나 만들지 않은 것일 수 있다. 중요한 것은 여러분이 이와 같이 중요한 기초 요소에 대한 접근에 정보를 주는 가정들을 거명하는 것이다. 이제, 절차의 문제에 관한 나의 생각은 다루어져야 할 좀 더 기초적인 질문이며, 기독교교육에 대한 기초 요소인 "어떻게"에 관한 이러한 중요한 면에 관한 토론에 주목하도록 하자.

절차(과정)

우리가 교회에서 교육하는 방법을 고려할 때, 양식이 있거나 또는 내가 절차라고 칭하는 것을 염두에 두는 것이 도움이 된다. 어떤 수업을 가르치기 위해 또는 특별한 수련회를 인도하기 위해 우리가 사용하게 되는 특정한 방법과 다르게, 우리가 사용하는 절차는 우리가 어떻게 교육 사역에 착수할 것인가에 대하여 일종의 청사진을 제공하는 정보에 근거하여, 사역을 반영하는 형식의 폭넓은 접근이다.

거기에는 다양한 교육자들에 의해 개발되어온 다양한 절차들이 있음에도 불구하고,3) 이 문제를 보는 나의 목표는 모든 교회에서 사용되어야 할 것으로서의 어떤 특별한 절차를 제시하는 것이 아니다. 대신에, 나는 절차에 관해서 생각해 볼 것과 어떠한 절차가 계획되고 선택되는 것의 일부가 되기 위해 필요한 필수적 특징들을 고려하기를 여러분에게 권한다.

우리가 교회에서 교육하기 위해 사용하는 절차를 형성하거나 접근하기에 필요로 하는 핵심 특징들은 무엇인가? 나는 적어도 세 가지가 있다고 생각한다. 우리의 절차는 (1) 경험적이고, (2) 반사적이고 (3) 상호 관계적이다.

1. 경험적 특징

여러 가지 면에서, 우리가 사용하는 절차에 관한 특징으로서 경험적이라고 말함은 당연한 것을 말하나, 우리가 배우는 방법에 있어서 경험의 중요성에 관해 우리 자신에게 상기시킬 필요가 있다. 레나테(Renate)와 죠프리 케인(Geoffrey Caine)은 두뇌의 학습에 관한 그들의 저서에서 이것에 주목할 것을 요구한다. 그들이 말하기를, "두뇌 연구로부터 얻은 중요한 교훈은, 매우 중요한 의미에서, 모든 학습은 경험적이다" 라는 것이다.4) 우리는 우리로 하여금 학습하도록 돕는 절차들에 적극적으로 참여할 필요가 있다.

여기에서의 핵심은 우리 교육의 절차가 반드시 경험적일 필요가 있다는 사실이 아니라, 어떠한 종류의 경험인지 고려할 필요가 있다는 것이다. 유명한 교육 철학자 존 듀이(John Dewey)가 말한 바와 같이, "모든 참 교육이 경험을 통해 얻어진다는 생각은 모든 경험이 진정으로 또는 동등하게 교육적임을 의미하지 않는다.5) 케인즈(Caines)는 최근 두뇌 연구에서 얻은

---

3) 내가 추천하고 싶은 것으로 교회교육에 관한 두 가지 특별한 접근법은 Thomas Groome 에 의해 개발된 나눔의 기독교 실천(praxis)과 Anne Streaty Wimberly에 의한 스토리연결 방법이다. Thomas Groome, *Christian Religious Education* (San Francisco: Harper Row, 1980) and Sharing Faith (San Francisco: Harper San Francisco, 1991)을 보라. 그리고 Anne Streaty Wimberly, *Soul Stories: African American Christian Education* (Nashville: Abingdon Press, 1994)를 보라.
4) Renate N. Caine and Geoffrey Caine, *Making Connections: Teaching and the Human Brain* (Menlo Park, Calif.: Addison-Wesley, 1994), 113.

지식으로 이를 뒷받침 한다. 두뇌 연구는 다양한 복합적이고 구체적인 경험들이 의미 있는 학습과 교육에 대하여 필수적임을 확인하고 확증한다."6) 우리가 어른들을 교회 학교 강의를 듣게 하고자 단순히 의자에 줄지어 앉힐 때를 경험적인 교육을 한다 라고 말하는 것으로는 충분치 않다. 우리가 어린 아이들을 이야기를 듣게 한 후 그 이야기와 관련된 견본 인쇄 삽지에 색칠하게 하기 위하여 테이블 둘레의 의자에 앉도록 모으는 것으로 우리가 경험적 교육을 한다 라고 말하는 것은 충분치 않다. 케인즈가 지적한 바와 같이, 학습자는 "말하기, 듣기, 읽기, 보기, 행동하기, 그리고 평가하기"7)에 참여할 필요가 있다.

교회에서 경험적 교육에 대해 생각할 때, 나는 예수님이 그의 제자들을 가르치신 것과 같이 예수님의 모범을 생각한다. 비록 우리가 생각할 수 있는 여러 가지 일이 있음에도 불구하고, 한 가지의 특별한 만남이 떠오른다. 마가복음 6:30-44에 나오는 만남은, 오천 명을 먹인 사건에 관한 익숙한 이야기이다. 예수님의 말씀을 들으려고 왔던 군중들이 저녁 식사를 구할 시간이 되자, 제자들은 음식을 구하게 하기 위해 그들을 보내길 원했다. 나는 제자들이 휴식을 원했을 것으로 생각한다. 그들은 오랜 시간 동안 예수님의 말씀을 들어왔으며 아마도 그날에 그들이 배울 만큼 배웠다고 생각했을 것이다. 그러나 예수님은 그 때에 그들의 교육이 끝나지 않았음을 아셨다. 그래서 그는 그들을 "복합적이고 구체적인" 학습 경험으로 인도하셨다. 그가 그들에게 이르시기를, "너희가 그들에게 먹을 것을 주어라." 너희들은 이 사람들을 먹이는 경험에 참여한다. 그 다음 순간에, 나는 제자들이 섬긴다는 것이 무엇을 의미하는지에 관하여, 양식에 관하여 그리고 하나님의 은혜에 관하여 그들이 생각했던 것 보다 더 많은 것을 배웠다는 생각이 든다. 이것이 최상의 경험적 교육이다.

---

5) John Dewey, *Experience and Education* (New York: Collier Books, 1938), 25.
6) Caine and Caine, 5.
7) Ibid., 6.

우리가 교회에서의 교육사역으로 어떠한 절차를 선택하든지, 복합적이고, 풍부하며, 다양성을 지닌 방법으로 경험할 필요가 있다. 제자가 되는데 있어서 신실할 것에 대한 우리의 요구는 우리로 하여금 그 정도는 수용할 것을 요구한다.

2. 반사적 특징

우리의 교육 과정이 경험에 근거하는 것으로 충분치 않다. 우리는 또한 "적극적 과정"[8]에 참여하기 위해, 이들 경험을 숙고할 필요가 있다. 우리는 생각해 볼 시간과 우리가 무엇을 하고 있는지 고찰할 시간이 필요하다. 교회 교육에 대한 우리의 절차는 숙고할 일정한 기회를 포함할 필요가 있다.

또 다시, 이는 당연한 것을 말하는 것처럼 보일지도 모른다. 물론 숙고도 교육의 일부이나, 나는 우리가 "어떻게"에 관한 이러한 면을 얼마나 진지하게 받아들이는지 의문이다. 교회에서 나 자신의 교육 경험에 관하여 생각해 볼 때, 기억의 대부분은 교회 학교 시간 또는 성경 연구 모임이 토론 시간 마지막에 단 1, 2분의 자료 제시로 채워져 있던 시간에 관한 것이다. 종종 그러한 토론은 우리가 안건에 동의하는지 반대하는지에 집중되었으며, 우리가 하던 방식으로 생각한 이유와 우리의 일상생활에서 어떠한 차이가 발생하는지에 관하여 이야기 하는데 거의 시간을 들이지 않았다. 나 또한 교사로서 여기에 가책을 느껴왔다. 나의 초점은 내가 자료를 강의하고, 숙고하여 적용할 제한된 시간을 남김으로 끝나는 것을 확신하는데 있기 쉽다.

숙고는 시간을 요한다. 우리는 우리의 질문과 학습자의 답변 사이에 "기다리는 시간" 이상으로 절차에 관한 반사적 요소를 이해할 필요가 있다. 그것은 우리가 하는 방식을 신뢰하는 이유에 대해 숙고할 기회를 갖는 시점에서, 우리의 신앙의 근원지에서, 그리고 어떠한 새로운 방식의 통찰력과 이해를 미래에 필요로 하는지 질문 행위의 완전한 다양성에 참여할 것을 요구한다. 토마스 그룸(Thomas Groome)은 이들 행위를 "비판적 이성",

---

[8] Ibid., 113.

"비판적 회고"와 "창조적 상상," 그리고 그것들이 그가 나눈 기독교 실천 접근에서 반사적 순간의 핵심을 형성한다.9)

그러한 사고는 우리로 하여금 우리의 머리와 우리의 이성적 능력을 사용하도록 요구할 뿐만 아니라, 우리의 마음과 정서적 능력을 사용하도록 고무한다. 우리는 사람들로 하여금 그들이 생각하는 것을 말하도록 도울 뿐만 아니라, 그들이 느끼는 것을 말하도록 도와야할 필요가 있다. 그룹이 말한 바와 같이, "비판적 사고는 감성과 이성의 문제이다."10) 우리는 신앙에 대하여 깊이 생각할 뿐만 아니라 또한 감정에 접촉하여 신앙과 섬기도록 부르심을 입은 세상에 대하여 열정적으로 느끼는 그리스도인을 원한다.

사고가 단순히 수업에서 어떤 단계가 아님을 기억하는 것이 중요하다. 그것은 단지 한 번에 일어나지 않으며, 반드시 한 가지 방식으로만 되지 않는다. 케인즈가 제시한 바와 같이, "그것은 학생들이 가지고 있는 지속적인 경험을 끊임없이 "주무르고," "반죽하는" 문제이다.11) 기독교교육에 대한 우리의 "어떻게" 접근의 이러한 사고적 특징은 우리에게 학습하는 모든 것에 관하여 진정으로 참여하고 생각할 필요한 시간을 갖도록 요구한다. 나는 학위를 마치려고 수강했던 과목에서 있었던 경험을 나눈 한 친구가 떠오른다. 그녀가 추천 도서 목록을 받았을 때, 거기에는 단지 한 권의 책만이 적혀 있었다. 이는 그녀가 수강했던 다른 과목들과는 확실히 다른 것이어서, 그녀는 호기심이 일었다. 그녀는 그 학기 동안 실제로 그 책 한권만 읽게 된다는 것을 알았다. 그러나 그들은 그것을 다섯 번 읽게 되었다. 그녀가 그러한 경험에서 배운 것은 끊임없이 그것에 관해 생각할 시간이 있었을 때 단 한권의 책에서 얻을 수 있는 지식의 풍성함이었다.

우리가 교회에서 수행하는 교육에 대하여 어떤 절차를 선택하든, 지속적인 사고할 기회를 갖는 것이 기본이다. 우리가 신중하고 인내심 있게 생각할 시간을 가질 때만이, 그것이 단지 우리가 얼마나 많이 아느냐의 문제가

---

9) Groome, *Sharing Faith*. See Chap. 7.
10) Groome, *Christian Religious Education*, 187.
11) Caine and Caine, 157.

아니라 우리가 학습하는 것을 얼마나 제대로 알아서, 하나님의 백성을 만드는 사역에 신실하게 참여하게 될 것인가를 깨닫게 된다.

3. 상호 관계적 특징

근본적으로 교육은 상호 관계적 활동이다. 누가 "독학"을 주장한다 할지라도 그들이 읽은 책과 경험을 통하여 타인과 관계를 맺고 있다. 여기에서의 문제는 교육이 단순히 상호 관계적이라는 사실이 아니다. 우리의 관심사는 그러한 관계에 대한 특징과 형태이어야만 한다.

우리는 다양한 방식으로 상호 관계를 맺을 수 있다. 우리는 무엇이 최선인지 소수가 알기 원하여 그들의 생각과 믿음을 타인에게 두는 계급적이고, 가부장적인 모범으로부터 관계를 맺을 수 있다. 우리는 관계가 누가 옳고 누가 그른지 증명할 필요에 사로잡힌 경쟁자로서 관계를 맺을 수 있다. 우리는 서로의 행복을 추구하는 진정한 친구로서 관계를 맺을 수 있다. 우리는 공동의 목적을 위하여 더불어 일하도록 위임된 동역자로서 관계를 맺을 수 있다.

모든 관계가 대등하게 좋지도, 교육 사역에 대등하게 적합하지도 않다는 것이 나의 생각이다. 이때 우리가 당면한 질문은, 기독교교육에 대하여 어떤 종류의 관계가 적합한가? 이다. 용어 교육의 의미의 어원에 근거하여 잠재적인 것이 현실이 되도록, "이끌어 내라"는 우리의 요구를 좀 더 적절하게 칭할만한 관계적 모범이 있는가? 우리가 교회에서 신실하고 의미 있는 방식으로 교육하려 할 때, 꼭 필요한 특징들을 반영하는 사람들이 관계를 맺을 수 있는 전형적인 방법이 있는가?

나는 신앙 공동체 안에서 우리가 교육 사역에 관계하는 방법에 대한 전형이 존재한다고 본다. 기독교교육에 대한 적절한 관계적 속성을 설명하는 다섯 가지 종류의 관계를 말하고자 한다. 확실히 완전한 목록은 아니라 할지라도, 이들 모범들은 교육과 학습에서 어떻게 서로 관계를 맺을 필요가 있는지에 대한 어떤 실마리를 제공한다. 내가 강조하고자 하는 전형들은 **협력자, 친구, 산파, 후원자** 그리고 **안내자**이다.

협력자란 다른 사람과 공유하거나 나누는 사람이다. 협력자는 지식을 교류하며 서로를 도우며, 서로 협력하여 일한다. 협력자 관계는 상호 관계성, 수용, 그리고 대등한 관계로 특징 지워진다. 협력자 관계는 우리가 기독교교육을 하는 방법에 대한 전형이 될 때, 우리는 모든 사람들이 하나님의 형상으로 지음을 받은, 우리 각자 하나님께 은사를 받고 특별한 존재, 그리고 세상에서 우리가 하나님의 사역을 성취할 필요가 있는 우리의 신앙을 진지하게 받아들이도록 요구되어진다. 아이들에게는 주위의 어른들을 가르칠 만한 것이 있으며, 젊은이들은 교회가 귀 기울일 필요가 있는 지식을 가지고 있다.

신앙 공동체로서, 우리는 협력자가 되고, 서로를 사랑으로 세우기 위해 함께 일하도록 부르심을 받았으며, 아무도 모든 해답을 가지고 있지 않다는 것을 깨닫는다. 교사와 교육자로서, 우리가 모든 권력을 가지고 있기나 한 것처럼, 우리의 학생들은 우리가 원하는 방식으로 조종되고 만들어지는 대상이 아니다. 대신에, 우리 학생들은 우리가 상호 관계적이고 동등한 관계로 들어가는 "주체"이다. 기독교 종교 교육은 동역자들의 주체-대-주체 관계가 되는 것이다.12)

친구란 서로 동행하는 자이다. 우리 문화 속에서, 친구란 종종 함께 살고, 함께 여행하며, 다양한 방식으로 서로를 돕는 자이다. 우리의 교육 사역에서 친구가 되는 방법에 관해 생각해 볼 때 떠오르는 이야기 중 하나는 예수님과 엠마오로 가는 두 제자의 이야기이다(눅. 24:13-35) 여기에 용어에 관한 최상의 의미로서 친구관계에 대한 전형이 있다. 예수님은 고향으로 돌아가며 어떤 일이 일어날지 또는 무엇이 그들을 기다리고 있을지 확신할 수 없어, 당황하고 혼란스러워 하는 자신들을 발견한 그 두 사람의 친구가 되셨다. 그는 각 사람이 자신의 신앙 이야기를 기억하고 이러한 이야기의 렌즈를 통하여 그가 방금 경험했던 사건을 깨닫도록 도움을 제공하면서, 이 여행에서 그들의 "친구가 되셨다." 예수님은 그들의 여행에서 그들과 실제

---

12) Groome, *Christian Religious Education*, 263.

로 함께하셨다. 우리는 또한 그들의 삶에 대한 모든 반전과 전환점에서 우리가 교육하는 자들과 함께하도록 요구되어진다.

예수께서 그들과 떡(빵)을 떼실 때 이 이야기의 선명함이 드러났다는 것이 흥미롭다. 우리가 용어 *친구의* 의미의 어원을 살펴볼 때, "함께"를 뜻하는 라틴어 전치사 com과 "빵"을 뜻하는 panis에서 유래되었음을 알 수 있다. 친구란 문자적으로 "빵을 다른 사람과 함께 먹는 자"를 의미한다. 그것은 우리가 교회에서 어떻게 교육할 지에 대한 강력한 전형이다. 우리가 문자적으로 떡을 떼든지 그렇지 않든지 간에, 우리는 실제로 서로를 먹이고 제자로서 우리의 여정에 필요한 자양분을 공급하는 상호관계를 구축하도록 요구되어진다.

산파(midwife)의 개념은 교회에서 우리의 교육 과정들을 구체화할 관계에 대하여 생각할 때 또 다른 조력자이다. 산파는 출산 시 다른 사람들을 돕는 자이다. 그러나 그들은 자신에게 그리고 자신의 때에 일어날 또는 일어날 수 있는 무언가를 돕는데 있어 그들의 출산 과정 참여가 제한적임을 알고 있다. "산파는 출산 과정을 조절하지 못할 뿐만 아니라, 또한 그것의 결과도 예측하지 못한다." 그것은 교회의 교육사역에 있어서도 마찬가지이다. 우리는 사람들로 하여금 하나님의 자녀로서 그들 자신의 소명을 낳도록 돕지만, 우리가 강요하거나 정해진 시간 속에서 이루어지게 할 수는 없다.[13] 산파로서 우리가 할 수 있는 일은 이러한 출산을 위한 최상의 가능한 환경, 출산할 때 모든 것이 준비된 안전하고 쾌적한 환경을 만들도록 돕는 것이다. 우리는 출산하는 자에게 안정된 환경을 제공할 수 있고, 아이, 청소년, 또는 어른이 그 순간에 실제로 필요로 하는 것에 집중하도록 돕는다. 우리는 요구되는 고통과 산고의 중간에 평온하고 신뢰할 만한 영향력을 끼칠 수 있다. 교회의 모든 교육적 노력에서, 우리는 그들이 모든 풍성함으로 하나님의 약속의 말씀을 삶으로 나타내도록 돕는 방법에 관계할 필요가 있다.

---

13) Michael E. Williams, : "The Midwives' Story: An Image of the Faithful Friend," *Weavings* 7, no. 3 (May/June 1992): 18.

후원자란 물자 제공을 통해서든지, 용기를 북돋아 주든지, 또는 필요로 하는 것을 얻을 수 있도록 만드는 자이다. 나는 젊은 음악가들 또는 예술가를 후원하여 그들에게 필요한 자원과 격려의 말로 그들로 하여금 그들의 재능을 개발하도록 돕는 사람들에 대해 생각한다. 교회 교육에 대하여 우리가 선택하는 방법들은 이러한 종류의 관계로 말미암아 형성되어야 한다. 우리는 참가자들에게 필요한 자원을 제공하고 그들의 신앙이 성장하도록 돕게 될 정보와 경험을 이용할 수 있도록 하는 방법에 관계하도록 할 필요가 있다.

후원자로서, 우리는 "격려하고, 신앙 전통에 접근하게 하며, 안내 그리고 할 수 있게 하도록 요구되어진다.[14] 빌 마이어(Bill Myers)는 그의 책 『Black and White Styles of Youth Ministry: 흑인과 백인 청소년 사역법』에서 신앙이 성장하도록 젊은이들을 후원할 필요를 진지하게 고려하는 한 아프리카계 미국 교회에 관하여 이야기 한다. 그들의 청소년 사역은 청소년들을 격려하고 이들 정체성을 그들 자신의 것으로 만들게 하며, 그들 주위의 세상에서 "부끄럽지 않고 떳떳하게"살 수 있도록 능력을 부여하는 아프리카계 미국인의 문화적이며 신앙 전통에 접근할 수 있도록 위임받은 교회의 장년들과의 관계 위에 구축되어 있다.[15] 그러한 후원 관계는 "제자를 삼으라"는 요구를 진지하게 고려하는 모든 교회에서 필요로 한다.

마지막 개념은 **안내**에 관한 것이다. 안내자는 길을 알려 주는 사람이다. 우리의 신앙 여정을 위하여 협력자, 친구, 산파, 그리고 후원자가 중요한데 반하여, 거기에는 또한 방향을 제시하고, 가야 할 길을 가르쳐 줄 사람들을 필요로 한다. 우리는 중요한 푯말을 지시하며, 무슨 일이 일어났는지 그리고 이유에 관해 설명을 제공하며, 제기되는 질문에 답변하며, 여행을 구체화 하며 의미를 부여하는 사람들과 함께 갈 때, 이를 가장 잘 할 수 있다.

---

14) Daniel Schipani, "Educating for Social Transformation" in *Mapping Christian Education*, ed. Jack Seymour (Nashville: Abingdon Press, 1997), 28.
15) William Myers, *Black and White Styles of Youth Ministry* (New York: Pilgrim Press, 1991)를 보라.

훌륭한 여행 안내자와 같이, 우리는 해석을 도우며, 사람들이 보고, 듣고, 느끼며, 경험하는 것을 조명한다. 또한, 훌륭한 안내자와 같이, 우리는 상황이 요구할 때 우회할 수 있으며, 계획될 수 없으나 값지고 의미 있는 지식을 제공하는 그러한 자연 발생적인 순간들을 환영한다.

"선생님"에 해당하는 옛 튜턴어(게르만어)가 "검지 손가락"에 사용된 말과 같았다는 것이 흥미롭다. 검지 손가락처럼, 훌륭한 교사는 길을 지시하고, 특정한 방향을 알려주며, 우리가 간과하여 아직 깨닫지 못하는 것에 주목하도록 요구하는 자이다. 우리 모두 우리 삶에 있어서 그러한 안내자와, 우리를 우리의 길로 인도하는 관계를 포함할 그것의 목적에 충실하기를 추구하는 기독교교육을 필요로 한다.

우리는 교회에서 어떻게 교육하는가? 우리는 풍부하고 다양한 방법으로 실제적이며 다감각적인 경험을 통하여, 우리로 하여금 피상을 넘어 신앙의 깊이를 체험하도록 고무하는 반사를 통하여, 우리로 하여금 협력자, 친구, 산파, 후원자, 그리고 안내자가 될 것을 권하는 관계를 통하여 교육한다. 그러한 경험, 반사, 그리고 관계로 이루어진 절차는 지식과 성장으로 인도할 것이다.

방법

"제가 무엇을 할 수 있습니까?" 이 장을 시작하는 학생의 질문은 우리의 마음에 울림을 준다. 대개 사람들이 이러한 질문을 하는 것은 사용할 방법에 대한 질문이다. 그들은 주어진 환경에서 일할 수 있는 특정한 기술과 도구를 원한다. 본 장에서 제시한 바와 같이, 나의 접근법은 절차에 관한 문제를 고찰하고 우리가 교육하는 방법에 관한 좀 더 폭넓은 관점을 고려하기 위한 방법에 관한 질문으로부터 거리를 두는 것이다. 그러나 이것이 방법에 관한 질문을 도외시하지 않는다.

이전에 언급한 바와 같이, 방법에 관한 목록과 설명을 제공하는 이용 가능한 자료가 많이 있다.16) 그렇다면, 여기서 나의 목적은 특정한 방법을 강조하는 것이 아니라, 우리의 선택을 안내할 원리와 다양한 방법의 사용에 관하여 이야기 하는 것이다. 우리가 교육 사역에서 사용할 방법을 선택할 때 무엇을 고려해야 하는가? 방법을 선택하는데 있어서 몇 가지 핵심적인 지침을 제시하고자 한다. 이들 지침들이 확실히 완전하지는 않으나, 나는 교회에서 교육을 위해 사용할 도구와 기술의 적절한 선택에 기초라고 생각한다.

1. 방법이 내용, 상황, 그리고 교육적 환경에 있는 사람들과 양립할 수 있어야만 한다. 사용할 방법을 선택할 때, 우리는 우리가 학습하는 것과 우리가 학습하기 원하는 방법 모두, 우리가 교육하는 내용에 주목할 필요가 있다. 예를 들면, 기도에 관하여 가르칠 때, 우리는 사람들로 하여금 기도가 무엇인지 이해하길 원할 뿐만 아니라, 기도하는 방법을 알기 원한다. 단순히 기도에 관한 강의 또는 기도에 관한 해석에 의지하는 것은 방법에 관한 제한된 선택이 될 것이다. 우리의 내용과 양립하며 우리가 성취하기 원하고, 상호작용하며 사람들로 하여금 기도에 참여하게 하는 참여적 방법이 필요하다.

우리는 또한 상황에 주목할 필요가 있다. 방법을 선택할 때, 우리는 우리에게 이용 가능한 물리적 자료들과 우리가 일하는 환경에 대하여 생각할 필요가 있다. 우리는 많은 동작과 공간을 요구하는 공동체 세우기 놀이를 선택할 때 모순된 방법을 선택하며 우리 교회 학교 교실은 탁자와 의자로 가득 찬 좁은 방에 위치해 있다. 우리는 장소를 바꾸고 좀 더 양립할 수 있는 방법을 선택할 필요가 있다.

우리가 교육하고자 하는 사람들에 대한 지식은 방법을 선택할 때 위태롭다. 우리는 학생들에게 제시된 다양한 학습 방법을 이해할 필요가 있다. 우

---

16) 특별히 Israel Galindo's *The Craft of Christian Teaching*(Valley Forge, Penn.: Judson Press, 1998)에서 도움이 될 리스트가 있다. app. B, 166-71.

리는 그들이 가지고 있는 물리적 한계에 주모할 필요가 있다. 예를 들어, 어린 아이들은 훌륭한 운동 기술과 관련된 활동에 어려움을 겪는다. 그들이 아직 이것이 발달되지 않았다. 우리가 그들과 수많은 작은 부품들이 들어 있고 고도의 손가락과 손재주를 요구하는 미술 실습을 하기로 결정할 때, 우리는 학생들에게 적합한 방법의 필요에 주목하지 않는다. 호환성은 방법을 선택함에 있어 중요한 지침이다.

2. 방법의 목록이 다양할수록 좋다. 방법의 다양성은 매우 중요하다. 이에 대한 핵심 이유중 하나는 우리가 교육하는 사람들과 관련이 있어야만 한다. 참가자들이 많은 다른 학습 방식을 가지고 오므로, 많은 방식에 관련되도록 돕기 위해 다양성은 필수적이다.

시각적 학습자들은 그림, 삽화, 비디오, 전시, 실연을 보며, 그들이 학습하는 동안 상상할 기회를 가질 필요가 있다. 청각적 학습자들은 듣고 말할 기회를 필요로 한다. 녹음, 음악, 강의. 토론, 그리고 이러한 학습자들에게 중요한 듣기와 관련된 기타 행동들을 사용한다. 근육 운동적 학습자들은 신체적으로 참여되고, 학습에 있어서 그들의 몸 전체와 관련된 직접적 행위들을 사용하는 역할 연기와 상호작용 놀이에 참여할 필요가 있다.

3. 사용하기 전에 숙고하고 새로운 방법을 연습하는 것은 매우 중요하다. 우리는 그것을 사용하기 전에 방법과 기술에 다소 정통할 필요가 있다. 우리는 방법이 어떻게 작용하고 사람들이 거기에 어떻게 반응하는가를 인식할 필요가 있다. 방법은 그들 자신의 삶을 나타내며, 가능한 반응들과 결과들을 통한 사고는 중요하다.

내가 유도된 이미지와 같은 기술을 사용할 때 나는 어떻게 하여 방법이 자신의 삶을 나타낼 수 있는지에 관해 잘 깨닫게 된다. 이 방법을 전에 가족 사역에 관한 수업에서 사용했던 것이 기억난다. 사람들은 그들의 가족사의 혈통을 연구하였으며, 유도된 이미지 경험 시간동안, 한 학생이 그녀가 어렸을 때의 학대의 예를 기억해냈다. 이것은 잊혀진 기억이었으며, 다시 떠올리기에 매우 고통스런 것이었다. 방법에 대한 이해와 사용될 때 일어날 수 있는 일에 관한 지식 없이, 학생들을 돕고 나머지 수업이 이것을 다루며 그것을 통해 어떠한 지식을 얻도록 준비되지 못했을 것이다.

새로운 방법을 연구할 때, 그 방법을 가진 경험자들의 조언과 지도를 구하는 것이 도움이 된다. 여러분이 새로운 방법을 배우고 그러한 방법을 사용하는 노련한 교사 또는 교육자를 볼 수 있는 워크숍에 참가함은 방법이 어떻게 작용하는가에 관해 필요로 하는 경험과 지식을 쌓는 동안 당신의 목록을 더하는 훌륭한 방법이다.

4. 방법에 관한 목적은 사람들로 하여금 학습하도록 돕는 것임을 기억하라.
내가 여기서 당연한 것을 말하는 것으로 보일는지 모른다. 물론, 방법은 사람들의 학습을 돕는다. 달리 우리가 그것들은 사용하는 이유는 무엇인가? 정말로 어째서인가. 그것은 훌륭한 질문이며 우리가 연구해야 할 필요가 있는 것이다. 사람들로 하여금 배우도록 하는 목적 외의 방법에 관한 우리의 선택에 무엇이 영향을 미칠 수 있는가?

교육에 관한 방법과 우리로 하여금 어떤 방법이 특정한 교육 환경에 적합한지에 분별하지 못하게 하는 목적에 관한 선택에 있어서 사역에서 보았던 세 가지 이유를 들어보기로 하겠다. 나는 우리가 때때로 (1) "우리가 일상적으로 해온 방식"이므로, (2) "좋게 보이기 위해" 그리고 (3) 그리고 경험을 배가하기 위해 방법들을 선택한다고 생각한다.

교회에서 우리가 방법들을 사용할 때 그것들이 학생들로 하여금 습득할 수 있는 방법으로 가르치도록 돕기 때문이 아니라, 그것에 익숙하기 때문에 사용할 때가 있다. 우리는 항상 단순하게 그러한 방식으로 했으며 참가자들로 하여금 그것이 실제로 그들이 배울 필요가 있는 것을 학습하도록 돕는 최선의 방법인지 질문하기를 멈추지 않았다. 그것이 "매력적"이어서 선택할 때가 있다. 우리는 우리가 사용하는 방법이 사람들로 하여금 우리의 특정한 환경에서 배우도록 아무런 도움이 되지 못한다 할지라도 좋게 보이고, "최신" 접근을 사용하는 것과 같이 여김을 받길 원한다. 또한 우리가 가진 특별하게 의미 있는 경험을 배가하길 원하고 정확히 똑같은 방법을 사용하여 이렇게 할 수 있음을 생각할 때가 있다. 나는 이것이 신학교 학생들에게 정기적으로 일어나리라고 본다. 그들은 수업의 경험을 통해 특별하게 통찰력 있는 지식에 이르게 되며, 그들의 교회에서 배가를 서두르게 되며, 일반적으로 단순히 그러한 방법으로 효과를 내지 못함을 발견하게 된다. 환경, 사람들, 필요는 동일하지 않다.

익숙하므로, 주목을 끌고자 하여, 또는 경험을 배가하기 위하여 무언가를 함은 우리가 사용하는 방법들을 선택하는데 도움이 되지 않는다. 방법을 선택하는데 대한 가장 중요한 기준은 우리가 사역하는 사람들로 하여금 배우도록 돕는가 하는 것이다.

요약

우리가 교회에서 기독교교육 사역을 수행하는 방법에 관한 질문은 이러한 중요한 사역에 토대가 된다. 우리가 사용하는 절차와 선택하는 방법은 우리의 신중하고 사려 깊은 주목을 필요로 한다. 토론과 이 장에서 제공된 지침들이 독자들로 하여금 적절한 결정과 우리가 어떻게 그들 교회의 구성원들을 교육할 것인가에 관한 선택을 돕는 유익한 단서를 제공한다.

그러나, 이러한 모든 것의 핵심은, 우리가 사역을 수행하는 태도이다. 적절한 절차와 방법을 선택하려는 우리의 모든 노력을 뒷받침 하는 것은 개방성과 유연성 있는 태도이어야 한다. 우리가 교육하는 절차가 딱딱하고 융통성이 없는 방식으로 우리가 따라야만 하는 다소 경직된 접근이 아니라는 것을 기억하는 것이 중요하다. 우리가 사용하는 절차와 우리가 선택하는 방법들은 확고하게 고정되어, 결코 변화하지 않는 것이 아니다. 교회에서 교육에 대한 우리의 접근은 우리가 하는 일에 리듬과 유동성을 가지고, 춤을 디자인하는 안무가에 가까워야한다. 우리는 시대가 요구할 때는 즉흥적으로 해 낼 필요가 있다. 기독교교육의 "어떻게"는 기술적인 것으로서 예술가적 노력과 맞먹는다. 마리아 해리스가 관찰한 바와 같이, 우리가 기독교교육이라고 부르는 이러한 춤에서, "최후의 순간(또는 마지막 스텝)은 없다." 대신에, 계속되는 춤과 계속적인 리듬이 있다."17) 우리는 우리에게 춤을 청한 후 리드하는 사람에게 열리게 된다.

숙고와 적용

다음의 연습문제는 독자들로 하여금 본 장에서 제시된 개념들에 접근하는 것을 돕기 위해 제공되었다.

1. 본 장의 서두에 절차와 방법에 관한 가정들에 대한 목록을 고찰하라. 교회 사역에서 이들 중 어느 것을 보았는가? 어떠한 가정들을 목록에 추가하겠는가? 이 장을 읽은 후, 교회에서 교육하는 방법에 관하여 어떠한 가정들을 하길 원하는가?

2. 신문지 위에, 다섯 가지 관계 유형들-협력자, 친구, 산파, 후원자, 그리고 안내자의 목록을 만들어라.

   a. 자신이 어떤 이러한 관계 유형에 참여했을 때, 자신의 교회 경험의 한 가지 예를 상기하라. 그 경험은 어떠했는가? 자신의 신앙 성장에 어떠한 방법이 유익했는가?
   b. 자신의 경험에 비추어, 목록 중 어떤 관계 유형이 누락되어있는가? 여기에 추가하고 그것들을 설명하라. 이들 관계 유형이 교육 사역에 어떠한 영향을 미치는가?
   c. 자신의 교회 상황에서 어떠한 관계 유형이 우세한가? 이들 중 어떠한

---

17) Maria Harris, *Women and Teaching* (New York: Paulist Press, 1988), 90.

방법이 도움이 되는가? 어떠한 방법이 그들이 학습하기를 꺼리는 것으로 보이는가?

3. 종이나 신문지 위에, 다음과 같은 제목들을 써넣어라. 구두법, 예술법, 시각법, 드라마법, 음악법, 서필법, 상호작용법. 각 표제 위에, 자신의 교회에서 보았거나 경험한 방법의 목록을 만들어라. 그 다음 아래를 고찰하라.

a. 어느 범주의 방법이 최대의 선택을 가지고 있는가? 어떤 종류의 방법이 우세한 것으로 보이는가? 어느 범주의 목록이 최소의 선택을 가지고 있는가? 이것이 사실이라고 생각하는 이유는 무엇인가? 그 범주에 속한 방법의 사용을 확대하기 위해 무엇이 이루어져야 하는가?
b. 자신의 교회에 어떤 새로운 종류의 방법들이 도입되었다고 보는가? 이것을 본인은 어떻게 성취하겠는가?

7장

사정과 평가: 어떻게 실천하는가?

기독교교육에 대한 우리의 기초가 제대로 되어 있다 할지라도, 우리는 이같이 극히 중대한 사역에 대한 중요한 면들을 고려할 필요가 있다. 기초 세우기에 대한 우리의 이미지를 지속시키고자 할 때, 이러한 면들이 기초 요소들을 함께 접합하는 모타르(mortar)의 형성을 돕는다. 마지막 두 장에서, 나는 이들 두 가지의 중요한 면들에 관해 토론하길 원한다. (1) 사정과 평가 그리고 (2) 방해 요소이다.

사정 및 평가는 우리로 하여금 '어떻게 실천하는가?' 라는 질문에 참여하게 한다. 어떻게 실천하는가? 이것은 근본적으로 질문할 매우 중요한 문제이다. 우리의 교육 사역에 무슨 일이 일어났는가? 우리는 우리가 성취하고자 했던 일을 성취하고 있는가? 만사가 어떻게 되어가고 있는가? 무엇이 변화되어야만 하는가? 이러한 모든 것이 사정과 평가에 관한 문제이다.

그러나 이것은 우리가 교회에서 간과하는 경향이 있는 절차이다. 나는 이것이 사정과 평가를 수반한 이전의 경험들과 관련이 있다고 생각한다. 나는 잠시 여러분을 나의 수업으로 초대코자 한다. 나는 학생들에게 빈 종이를 꺼내어 상단에 그들의 이름을 쓰도록 하였다. 깜짝 시험이다. 곧바로, 나는 교실에서 수런거림을 느낄 수 있었다. 시험! 학생들은 사정되고 평가된다. 그들의 얼굴에 근심의 빛이 역력하다. 나는 그들의 경험이 특별하다고 생각하지 않는다. 우리 모두 그러한 순간에 심장의 박동이 좀 더 빨라지고, 손이 땀에 젖으며, 어떻게 평가될 것인가 궁금했던 기억들을 가지고 있다.

그러한 기억들이 사정과 평가에 대한 우리의 이해에 영향을 미친다. 이러한 절차를 지닌 대부분의 우리의 경험은 우리가 잘못한 일, 몰랐던 일, 기대에 미치지 못한 이유에 대해 듣기 때문에 부정적인 의미를 지닌다. 교회에서의 나의 경험은 사람들이 이러한 기억들 때문에 사정 받고 평가받기를 회피하는 경향이 있음을 말해 준다. 우리는 사람들로 하여금 사랑받고 인정받고 있다고 느끼길 원하며 언짢게 하여 갈등에 빠지게 하는 일에 관여하길 원치 않는다.

판단과 평가는 무엇이 잘못되고 또는 어떻게 우리가 실패했는지를 지적하는데 있어 구애되지 않는다. 그것들은 우리로 하여금 무엇이 옳은지 어떻게 성공하는지를 알도록 돕는다. 또 우리의 재능에 대해 좀 더 나은 청지기가 되어주며 우리의 시간, 정력, 그리고 재정이 신앙 공동체의 교육 목표를 성취하는 데 투자될 때, 가이드가 되어준다. 나는 우리가 앞 장에서 구축해 온 기독교교육에 대한 토대의 힘과 견실함은 우리가 어떻게 실천하고 있는지를 정기적으로 판단 및 평가하는 능력에 달려 있다고 생각한다.

기초 요소를 함께 잇도록 돕는 모타르(mortar)는 매우 중요하다.

정의

사정과 평가란 무엇인가? 우리로 하여금 이들 용어에 관해 우리 대다수가 지니고 있는 부정적인 기억과 답변을 뛰어넘어 이들 절차를 이해할 수 있는 방법들이 있는가? 우리가 그것들을 교회 교육 사역의 중요한 부분으로 이용할 수 있는가?

그것들이 똑같은 절차의 한 부분임에도 불구하고, 나는 이 두 요소를 분리된 단계로 이해한다. 사정이란 무엇인가를 측정하는 것을 의미한다. 그것은 우리가 신중하게 생각하지 않고 다소 되는대로 할지라도, 우리가 항상 행하는 실제적인 사역이다. 우리가 교육 프로그램 또는 행사를 평가하거나, 또는 목적, 상황, 내용, 참가자들 등과 같은 기초요소들을 살펴봄으로써 교육 사역을 전체적으로 평가할 때, 우리는 본질적으로 무슨 일이 있어났고, 이 사람들이 누구이며, 그들이 무엇을 생각하고 배우며, 이러한 환경이 무엇과 흡사한지- "평가" 한다.

평가란 가치와 진가를 규명하거나, 정하는 것을 뜻한다. 그것은 우리가 무언가를 판단하고 값을 매기는 것을 말한다. 우리가 교육 프로그램 또는 행사를 평가할 때, 우리는 그것이 우리가 기대하던 대로 성취되었는지, 그리고 성취된 것이 유익했는지 가치를 정한다. 평가에서 우리는 사람들에게 일어난 일뿐만 아니라, 또한 가치가 있었는가를 언급한다.

이들 두 단계는 서로에게서 분리된 절차로서 성취되는 일은 거의 없다. 그것들은 서로에게 친밀한 관계에서 발생하는 평과 평가로, 대개 서로 연결되어 있다. 우리가 상황을 평가하는 동안, 우리는 흔히 일이 얼마나 잘되어 가고 있는지를 결정하는데 사용될, 우리의 "다림줄"로 선택한 무엇, 혹은 어떠한 가치관을 마음속에 가지고 있다. 평가는 인용할 어떤 판단, 어떤 "자료"가 없다면 성취하기 어렵다.

우리가 기억해야 할 중요한 것은 이러한 절차에 "마법"(magic)은 없다는 것이다. 실제로, 우리는 항상 그것에 관계한다. 우리는 (사정)에 관한 측정을 하며 근본적으로 사물(평가)에 대한 가치에 관하여 결정을 내린다. 우리는 새로운 프로그램을 시작하고, 낡은 것들을 제거하며, 수업의 형식 등을 바꾸며, 대게 그러한 결정을 내리는데 대한 몇 가지 이유들이 있다. 하지만, 곧잘 이들 결정이 위기 가운데서 또는 별다른 의식 없이 신중하게 생각하지 않고 순간적인 충동에 의해 내려진다. 부족한 것은 절차에 관하여 초점을 맞춘 지향성이며 어떻게 우리가 결정을 내리게 되는지 이다.

우리가 사정과 평가를 내리는데 있어서 의도적이면 의도적일 수록, 교회의 교육 사역에 유익할 것이라는 것이 나의 생각이다. 나는 우리의 교육 사역에 무슨 일이 일어났는가 그리고 어떻게 일어났는가를 모두 알아야 할 필요가 있다고 생각한다. 나는 우리가 그것의 가치에 관하여 질문하며 사람들의 신앙 성장과 교회의 성장과 충성에 있어 선하고 유익했는지 말할 수 있어야 한다고 믿는다.

지속적인 토대 위에서의 의도적인 사정과 평가에 관련됨은 교회로 하여금 몇 가지 중요한 사역을 하도록 돕는다. 그것은 우리가 (1) 결정을 내리고, (2) 변화하며, (3) 기념하도록 한다. 우리는 필요한 정보를 수집하여 우리에게 가치 있는 결정을 내림으로써, 유익하고 적절한 방법으로 교육 사역을 수행하기 위한 사항들을 명료하게 만들 수 있다. 그러한 명료화는 당시의 결정과 실제로 필요한 결정을 내리도록 돕는다. 사정과 평가는 또한 우리로 하여금 무엇이 효과적이고 비효과적인지를 주의 깊게 살피고, 우리의 실패와 잘못된 행동을 인정하는데 필요한 정보를 제공한다. 그 절차는 우리에게 우리의 한계와 가능성을 알 수 있도록 도우며 필요로 하는 변화의 원동력을 제공한다. 마지막으로, 사정과 평가는 우리로 하여금 성과, 성공, 그리고 돌파구를 알고 언급하도록 한다. 절차는 우리에게 기념하고 즐기며, 신앙의 성장과 성숙 그리고 우리의 교육적 노력이 들어간 증거에 대해 감사하도록 한다.

사정과 평가의 원리

이 책에서 논의된 토대적 기초 요소들과 같이 사정과 평가의 절차는 특정한 환경과 개별 교회의 성향에 따라서 특별한 형태와 모습을 띠게 될 것이다. 그러나 우리 자신의 특별한 상황에서 사정과 평가에 참여를 안내하는 원리들이 존재한다. 다섯 가지의 그러한 원리들을 열거해 보고자 한다.

1. 협력 관계로 하라. 우리의 사정과 평가가 동반자적 노력으로 모두가 절차에 관계하는 것은 매우 중요하다. 이것은 소수의 사람들이 자료를 수집하여 누군가의 삶에 결정을 내리지 않음을 뜻하며, 우리가 절차의 중심적 역할을 하기 위해 사정되고 평가되는 사람들을 청함을 의미한다. 우리는 이것을 사람들에게 시행하지 않으며, 그들과 함께 시행한다.

교회에서 종종 우리는 특정한 활동이나 사역을 사정하고 평가할 때 모든 의견을 포함하지 않는다. 이것은 특히 아이들과 청소년을 사역할 때 그러하다. 나는 아이들 및 청소년과 관련된 문제가 논의되는 수많은 기독교교육위원회의 모임에 참석해 왔으나, 아무도 평가에 그들 또는 그들의 관점을 포함하지 않았다. 언젠가 그들의 의견이 포함되면 평가자들은 "그들이 무엇을 생각하는지 알기에는 너무 어리다"든지, "그들은 정말로 무신경하다"와 같은 말로 평가절하 한다. "우리가 실제로 가장 잘 안다"라는 노골적인 가부장적 태도는 그러한 상황에서 보편적일 수 있으며, 실제로 상황을 평가할 기회, 관련된 사람들이 어떻게 느끼는지를 아는 것, 그들에게 무엇이 귀하고 중요한 지를 이해하는 것은 헛되다고 생각한다.

나는 협력관계로 일하는 것이 시간이 걸리는 것임을 잘 알고 있다. 다양한 사람들에게 상담을 하고 다른 관점을 듣는 것, 그리고 모두로부터 어떤 공감대를 얻으려고 노력하는 일에는 어떤 비효율성이 존재한다. 그것은 노력을 둔화시켜 좀 더 오랜 의사결정 절차로 이끈다. 그러나 모든 의견에 귀를 기울이는 헌신은 회의 시 모든 이들을 위한 자리를 요구하시는 하나님께 가장 신실해 보인다.

2. 다양한 접근법을 사용하라.[1] 우리는 사정과 평가에 있어 다양한 접근에 관계할 필요가 있다. 회중에 관한 정보를 수집하기 위한 활자화된 조사 또는 수업 또는 행사의 끝에 사람들의 반응을 수집하기 위한 활자화된 평가와 같이 단순히 서필 접근만 사용함은, 우리가 의사 결정을 하는데 이용 가능한 우리의 자료를 제한시킬 것이다. 그러한 유형들은 요구된 질문 그리고 제시된 선택권에 의해서 사람들의 반응을 형성한다. 이것은 그러한 형식이 도움이 되지 않으며 사용되어서는 안된다는 것을 뜻하지 않는다. 그것은 그들이 제한된 정보를 제공함을 지적하는 것이다.

보다 폭넓고 완전한 정보를 위하여, 우리는 사람들과 실제적인 대화에 참여하고, 그룹뿐만 아니라 개별적으로 그들과 이야기하며 그들이 원하는 것을 자유롭고도 적합한 방식으로 답변할 수 있게 하는 것이 중요하다.[2] 내가

---

[1] 교회의 평가에 도움이 되는 몇까지 제안과 도구들이 있다. Among these are Eugene Roehlkepartain, *Exploring Christian Education Effectiveness: An Inventory for Congregational Leaders* (Minneapolis: Search Institute, 1990); idem, *The Teaching Church: Moving Christian Education to Center Stage*(Nashville: Abingdon Press, 1993); 그리고 Jackson W. Carroll, Carl S. Dudley, and William McKinney, eds., *Handbook for Congregational Studies* (Nashville: Abingdon Press, 1986).

[2] Charles Foster는 다음에서 교회의 교육목회를 위한 비형식적 대화의 중요성을 지적했다. "Communicating: Informal Conversation in the Congregation's Education," in Congregations: *Their Power to Form and Transform,* ed. C. Ellis Nelson (Atlanta: John Knox Press, 1988),218-37. Margaret Ann Crain도 또한 그녀의 저서 *Christian*

학생들에게 강의를 평가하라고 요구할 때, 나는 서면 평가 형식과 구두 절차를 모두 사용한다. 학생들은 소그룹으로 모여서 그들 스스로 강의가 도움이 되었는지의 여부에 관하여 이야기한다. 각 그룹의 기록자는 모든 답변들을 기록하고, 이것들은 사정과 평가 자료의 한 부분이 된다.

우리는 그러한 환경이 "안전"하여 사람들로 하여금 기꺼이 열려 있고 정직해져서, 그들이 제공하는 정보를 누가 수용할 것인가와 어떻게 사용될 것인가를 알도록 할 필요가 있다. 이것은 우리가 사용하는 모든 접근에 해당된다. 사람들은 그들이 정보를 요구받은 이유와 어떠한 방식으로 사용될 것인가를 알아야한다.

관찰 또한 유익한 접근방법이다. 때때로 외부 관찰자가 어떤 환경에서 매우 유용한 지식을 제공할 수 있다. 나는 이것이 교회 스스로가 갈등의 상황 속에서 어떻게 해야 할지 난처할 때 특히 유용함을 알았다. 상황에 관한 외부 관찰자의 평가는 중요한 관점을 제공할 수 있으며, 교회의 곤경을 통과하도록 도울 수 있다. 때때로 교회 학교 교사들은 노련한 교사에게 아이들과 함께 앉아 관찰 받는 수업에서 어려움을 겪을 것이다.

그러나 이들의 관찰은 종종 새로운 시각을 제공하며 문제에 해결책을 제시할지 모른다. 교사들로 하여금 스스로를 사정하게 하는 비디오 테이프 녹화의 사용은 매우 유용할 수 있다. 나는 사람들에게 이것을 강요해야 한다고 생각하지 않지만, 나는 자신들만의 교육 실습을 위한 강력한 사정과 평가의 도구가 되는 활동하는 자신들을 볼 기회를 얻은 교회 학교 교사들을 알고 있다. 사람들로 하여금 그들 자신과 그들의 실습을 살펴볼 수 있도록 돕는 접근법은 교육 사역을 사정하고 평가하는데 있어 유용할 수 있다.

필시 우리가 사용하는 접근들이 매우 중요한 만큼 사정과 평가의 태도를 전달하는 것도 중요하다. 그것은 결점을 잡는 것에 관한 것이 아니라 사람들이 성장하도록 돕는 것에 관한 것이다. 우리는 사람들로 하여금 그들이 평가하는 것들이 우리에게 매우 중요한 것들임을 알게 해야 한다. 나는 평

Education ed. Jack L. Seymour (Nashville: Abingdon Press, 1997), 93-109에서 대화의 가치를 중요하게 다루었다.

가 형식을 끝마치고도 실제로는 전혀 문제가 되지 않아 놀랐던 적이 있다. 다른 이들의 관점 요소를 전달하는 한 가지의 방법은 그들로 하여금 발생하는 차이점을 알게 하는 것이다. 내가 학생들에게 강의를 평가하도록 요청할 때, 나는 그들에게 내가 만든 변화와 이전의 학생 평가의 결과로서 내가 똑같이 하는 일들 둘 다 지적한다. 우리 모두 우리의 정보가 문제라는 것을 알 필요가 있다.

3. 우리가 가진 정보가 "많으면 많을수록" 우리의 사정과 평가는 적절하고 유익하다. 이러한 원리가 의미하는 바는 다양한 렌즈를 통하여, 가능한 많은 정보를 수집하도록, 여러 관점에서 사정하고 평가할 필요가 있음을 의미한다. 다양한 접근의 사용에 관한 이전의 원리는 우리로 하여금 이러한 촘촘한 정보를 수집하도록 돕는다. 우리가 사용하는 각기 다른 도구들은 우리로 하여금 새로운 정보를 밝히거나 상황을 보는 다른 방식에 도움이 될 수 있다.

"촘촘한" 정보란 무엇을 의미하는가? 한 가지의 예를 들어 보기로 하자. 만일 우리가 교회에서 어린이 사역을 평가하고자 하다면, 우리는 아이들로부터, 부모님과 다른 가족 구성원으로부터, 교사로부터, 그리고 아이들과 접촉이 있는 다른 교인들로부터 정보를 수집할 필요가 있다. 우리는 아동 발달과 아이들이 어떻게 학습하고, 성장하며, 신앙이 성장하는지에 관하여 알아야할 필요가 있다. 우리는 교회와 광역 공동체에서, 아이들을 사역하는데 있어 우리가 가지고 있는 자료를 살펴 볼 필요가 있다.

우리는 이미 무엇을 하고 있으며 그것이 어떻게 되어가고 있는지에 주목할 필요가 있다. 우리 사역에서 아이들이 필요로 하는 것을 결정할 필요가 있는 것이다. 각기 조각 정보는 우리의 설명에 또 다른 층을 형성하며 우리가 아이들 사역을 어떻게 하고 있는지, 그리고 우리가 어떻게 변화해야하는지 결정할 때, 다양하고도 촘촘한 그림들을 제공해 준다.

4. 결과 나누기. 사정과 평가 절차를 끝마치고 나서, 우리는 우리가 발견한 것과 결정한 것을 다른 이들과 필요가 있다. 우리는 사람들과 함께 우리가 배운 것을 공유할 필요가 있다. 특별한 프로그램 또는 사역에 관련된 사람들은 특별히 어떻게 되어가고 있는지와 이유를 알아야한다. 소수의 수중에 있는 정보를 보존함은, 사람들로 하여금 그들이 타인들에 의해 조종당하는 대상에 불과하다고 느끼게 하는 권력의 불균형으로 이끈다.

나는 이것이 교회에서 우리가 경험하는 변화에 대한 저항의 근원이라고 생각한다. 사람들은 만사를 우연이라고 보지만 그 이유는 모른다. 아무도 이 결정들이 내려진 절차들을 그들과 나누지 않았다. 그들은 결정을 내리기 위해 어떠한 정보가 이용되었는지 또는 그 결정이 기초를 두고 있는 기준을 모른다. 우리가 사정과 평가의 결과를 나누는데 있어 좀 더 열려 있고 정직하면 할수록, 그러한 저항을 막고 필요한 변화가 일어날 가능성이 더 크다.

5. 진상을 바르게 알라. 우리가 사정과 평가의 진상을 바르게 알 수 있는 두 가지의 방법이 있다. 첫 번째, 우리는 사정과 평가가 성공적인 교육 사역을 보증하리라는 덫에 걸리지 않아야만 한다. 우리는 끊임없이 사정과 평가를 할 수 있으나, 만일 우리가 실제로 이러한 절차에 관한 결과를 수행하고 필요한 변화를 일으키도록 위임받지 못했다면, 우리의 노력으로 얻는 것이 거의 없을 것이다.

우리는 이것이 사회에서 정기적으로 일어난다고 본다. 정부, 기업, 공립학교, 또는 기타 사회 기관이며, 상황을 "연구"하고자, 즉 사정하고 평가하기 위해서 특별 전문 위원회가 임명되었다고 보는 것이다. 이들 특별 전문 위원회의 보고는, 때때로 상당한 화려함을 드러낸 후, 아무런 변화도 만들어내지 않는다. 교회에서도 마찬가지이다. 우리는 상황을 연구하고, 가치 있는 것을 결정하고, 무엇을 해야 할지는 알지만, 그 후 그것을 하기 위한 의지는 부족해 보인다. 사정과 평가에 있어서 우리의 노력은 단지 성과가 있는 행동을 하기 위한 의지일 뿐인 것이다.

마지막으로, 우리는 사정과 평가가 실패와 징계에 관한 것이 아니라는 시각을 견지할 필요가 있다. 그들의 목적은 우리로 하여금 죄의식을 느끼게 하거나 우리가 무언가에 얼마나 서툰지에 관하여 자책하도록 만드는 것이 아니다. 사정과 평가의 목적은 우리로 하여금 명확하게 보도록 돕는데 있다. 엘리어트 아이스너(Elliot Eisner)가 말한 바와 같이, "보는 것이 성공의 핵심이다."3) 강력하고 충실한 교육 사역을 수립하기 위하여 우리는 명확하게 볼 수 있어야만 한다. 명확하게 보는 것은 우리로 하여금 무슨 일이 일어났는지 그리고 어떻게 일어났는지에 주의를 기울이며, 성장과 변화가 가능한 지점을 발견하며, 우리가 제공해야 하는 은사를 찬미할 것을 요구한다. 우리는 "제자가 되기 위한" 부르심에 충실하기 위하여 교육사역에 있어서 이같이 중요한 사정과 평가의 절차를 수행한다. 우리가 궁극적으로 추구하는 것은 우리로 하여금 좀 더 신실하게 하나님의 백성의 형상을 이루도록 도울 지식이다.

다림줄 확립하기

사정과 평가에 관한 본 토론에서 다루어져야할 남아 있는 질문은 우리의 교육적 노력의 가치를 결정하기 위해 우리가 사용할 어떤 기준과 관련이 있다. 우리의 사역이 성공적인지 아닌지를 어떻게 판단하고 결정할 것인가? 하나님께서 이스라엘 백성 중에 다림줄을 띄우신 것과 같이(암 7:7-8), 우리는 복음의 소명을 합당하고 신실하게 완수했는지의 여부를 평가하는 중심 기준을 설정할 필요가 있다.

여기서 나의 목적은 교회가 사용해야할 기준을 지정하고자 함이 아님을 다시 한 번 밝혀둔다. 각 교회는 스스로 이 문제를 깊이 생각해 볼 필요가 있다. 왜냐하면 그것이 교회로 하여금 교육을 하는 이유를 깊이 생각하도록

---

3) Elliot W. Eisner, *The Enlightened Eye: Qualitative Inquiry and the Enhancement of Educational Practice* (New York: Macmillan, 1991), 1.

하며, 제2장에서 목적에 관한 자료가 이러한 절차에 매우 도움이 될 수 있기 때문이다. 교육 사역에 대한 우리의 목적과 목표는 우리가 움직이는 방향에 비전을 제공하며, 우리의 노력이 이들에 부합하도록 어떤 도움이 되는가를 평가하는데 적합해 보인다.

목적이 다림줄을 어떻게 연상시키는가에 관한 예를 들어 보고자 한다. 이전에 언급한 기독교교육에 관한 조사 기관 연구가 교회 생활의 최우선 목표를 주장하므로 기독교교육은 "살아 있고, 삶을 변화시키는 신앙, 사람의 존재, 사고와 행동을 형성하는 종류의 신앙....양육하는"4)것이다. 그러한 목적은 우리에게 평가에 대한 기준을 제공하며 우리로 하여금 '삶을 변화시키는 하나님과의 관계, 그리고 다른 이들을 섬기는 헌신 모두에 관련된 통합적인 신앙, 삶을 변화시키는 신앙을 양육하기 위해 얼마나 도움이 되는가?'에 대해 질문하도록 고무시킨다. 토마스 그룸이 "기독교 신앙 교육의 목적은 사람들로 하여금 그리스도인으로 살 수 있도록 하기 위하여, 곧, 기독교 신앙의 삶을 살도록 하기 위한 것"5)이라고 말할 때, 그는 또한 교회의 교육적 노력을 평가하는 기준을 제공한다. '어떠한 방식으로 그리고 어떻게 사람들이 일상에서 그리스도인의 삶을 살도록 돕는가?'가 평가 질의가 된다. 이것은 우리로 하여금 우리의 교육이 우리가 바라던 것을 성취했는지를 결정하도록 돕는 다림줄이 된다. 기독교교육에 대한 광의적 목적으로서 지속과 변화에 관하여 이야기 할 때, 나는 또한 평가에 대한 기준을 제공한다. 여기에서 우리의 교육적 노력이 우리로 하여금 얼마만큼 그 이야기, 비전, 그리고 전통(연속성)에 뿌리박히도록 돕는가, 그리고 또한 변화, 해방, 그리고 변화된 삶과 사회(변화)으로 이끄는가가 의문이다.

명백히 성경은 우리에게 교육 사역을 사정하고 평가를 수행할 때 우리가 주목할 만한 "다림줄"을 제공한다. 미가 6:8은 우리에게 요구하는 바에 관

---

4) Peter L. Benson and Carolyn H. Eklin, *Effective Christian Education: A NationalStudy of Protestant Congregations-A Summary Report on Faith, Loyalty, and Congregational Life*(Minneapolis: Search Institute, 1990), 9.
5) Thomas Groome, *Christian Religious Education* (San Francisco: Harper & Row, 1980), 34.

하여 이야기 하며 세 가지의 임무를 언급 한다. 공의를 행하고, 친절을 사랑하며, 겸손히 하나님과 동행하라.

우리의 교육은 얼마나 적절하게 사람들로 하여금 공의를 행하고, 친절을 사랑하며, 겸손히 하나님과 동행함을 배우도록 돕는가? 마태복음 22:37-39 에서, 예수님은 모든 그리스도인에 대한 다림줄인 대 명령을 내리신다. "'너희는 마음을 다하고 목숨을 다하고 뜻을 다하여 주 너의 하나님을 사랑하라' 이것은 가장 위대하고 첫째가는 계명이다. 그리고 두 번째는 그것과 닮아 있다. '너희는 이웃사랑하기를 네 몸과 같이 하라.'" 이때 교육적 노력에 관한 우리의 질문은 '우리가 얼마나 사람들로 하여금 이들 계명을 지킬 것을 배우도록 돕는가?' 이다. 성경이 제공하는 "다림줄"에 관한 마지막 (비록 이 목록이 확실히 철저하지 않을지라도) 예는 마태복음 25:31-46에 나와 있는 최후의 심판에 관한 이야기이다. 여기서 우리는 주린 자를 먹이고, 목마른 자에게 마시게 하며, 이방인을 환대하고, 헐벗은 자를 입히며, 병든 자를 돌보고, 옥에 갇힌 자를 방문하도록 요구받는다. 명백하게 심문될 평가 질의는 사람들로 하여금 얼마나 이러한 제자도의 비전에 반응하며 삶을 살도록 인도 하였는가 이다.

우리가 어떤 다림줄을 선택하든, 하나는 사정과 평가 절차에 대한 중심에 있다. 교회에서 대화와 연구를 통해 우리는 함께 목적과 목표를 정하고, 다림줄을 확인하고 그리고 나서 우리가 교육 사역을 어떻게 수행하고 있는지를 평가하기 위해 이것을 사용할 필요가 있다. 우리가 하려는 것의 중요성은 거기에 있다.

요약

사정과 평가는 우리의 삶에 있어서 새로운 절차가 아니다. 우리는 일상의 경험을 통해, 종종 잠재의식적임에도 불구하고, 끊임없이 사람들과 우리 주위의 상황을 평가하며 가치를 결정짓는다. 우리는 또한 이것을 교회에서도

행한다. 우리는 무슨 일이 일어났는지 그리고 우리가 좋아하는지의 여부에 관해 관심을 기울이지 않는 예배, 친교, 교회 학교 같은 행사에 좀처럼 참여하지 않는다.

교회에서 신중하게 사정하고 평가하라는 나의 요구는 새로운 무언가에 관한 요구가 아니다. 절차에 관하여 의도적이고 신중할 것, 어떻게 시행하고 있는가 정기적으로 질문할 것, 그리고 알아낼 시간을 가질 것에 대한 요구이다. 대화에 가능한 한 많은 의견을 포함할 것, 정보를 수집하기 위해 다른 도구와 관점을 사용할 것, 무슨 일이 일어났는지에 관한 풍부하고 폭넓은 상황을 만들 것, 우리가 발견하는 것에 관하여 정기적으로 교회에 보고 할 것, 그리고 항상 우리가 행하는 일에 관한 관점을 견지할 것에 대한 요구이다. 그것은 결국 사람들로 하여금 그리스도의 제자로서 그들의 소명을 이끌어 내는데 있어서 교육에서 우리가 하는 사역에 대해 스스로 책임을 지도록 우리가 사용할 다림줄을 지정할 것에 대한 요구이다.

숙고와 적용

다음의 연습 문제는 독자들로 하여금 본 장에서 제시된 개념에 관계하도록 제공되었다.

1. 사정과 평가에 관한 자신만의 경험에 관하여 생각해 보라. 이것을 어떻게 느꼈는가? 사정되고 평가되는데 있어 자신의 일반적인 반응은 어떠한가? 이것이 교회에서 사정과 평가에 관한 자신의 이해에 얼마나 영향을 끼친다고 생각하는가? 본 장을 읽음으로써 이러한 절차에 관해 어떠한 새로운 관점을 얻었는가?

2. 교회 환경에서 사정과 평가에 관한 자신만의 경험을 이야기 해보라. 어떻게 되었는가? 어떻게 느꼈는가? 그것으로부터 얻은 결과 또는 성과는 무엇이었는가?

3. 교회 환경에서 사정과 평가가 행해지고 행해질 수 있는 것에 관하여 생각할 수 있는 모든 접근 목록을 브레인스토밍(brainstorm) 하라. 이들 중 자신이 실제로 경험했던 것을 표시하라. 어떠한 방법이 가장 유용하였는가? 현재 사용하지 않는 어떠한 접근을 자신의 교회에서 사용할 것으로 보는가? 이러한 접근이 자신의 상황에 유익하다고 생각하는 이유는 무엇인가?

4. 교육 사역을 평가하는데 대한 다림줄을 제공할 때 언급된 세 가지의 성경 구절 중 하나를 선택하라. 미가 6:8, 마태복음 22:34-39, 또는 마태복음 25:31-46. 성경을 읽고 다음의 질문들을 고려하라.

a. 여기에 나타나 있는 그리스도인의 특징은 무엇인가? 이것을 자신의 말로 진술하라.
b. 사람의 삶에서 어떠한 방식으로 이들 특징을 확인할 수 있는가? 그들이 살아 있고 그러한 이미지를 실현하였음을 어떻게 말할 것인가?
c. 이 성경 구절이 자신의 교회로 하여금 교육 사역을 평가하도록 어떻게 도울 것인가?

5. 교회의 교육적 노력을 평가하는데 있어 사용되는 다림줄을 암시한다고 생각하는 다른 성경 구절들을 기록하여 보라.

8장

방해 요소들: 무엇이 방해하는가?

"우리는 결코 이전의 방법으로 하지 않았다." 여러분은 얼마나 자주 교회에서 이 말을 들어 왔는가? 비록 그것들이 종종 방해하는 말들, 새로운 것을 차단하고 현 상태의 유지를 추구하는, 새로운 것이 시도되는 사실을 지적하는, 설명에 대한 단순한 말일지라도 말이다.

"우리는 결코 이것들에 관해 생각해보지 않았다" 라든지, "우리는 그 모든 것을 이미 안다." 이들 모두 이전의 장에서 다룬 기독교교육의 기초 요소들에 관한 토론에 대한 답변이 될 수 있다. 그것들은 현실에 관한 단순한 묘사일 수 있으나, 거기에는 또한 변화로 이끌 수 있는 무언가를 고려하는 저항을 반영하는 가능성이 있다. 어째서 "우리가 기독교교육의 이들 '기초 요소들'에 관하여 생각해야 하는가? 우리는 이 일을 우리가 하는 일을 알고 있다. 우리는 수년간 해오고 있다."

인간의 본성과 변화에 저항하는 기관에는 무언가가 있다. 우리는 익숙한 것, 믿을 만하고 진실한 것에 이끌리는 것이 자연스럽다. 이미 언급한 바와 같이, 단순한 말 자체는 이끌어 냄, 익숙한 것으로부터 미지의 것으로 옮김을 뜻하는 라틴어에서 유래되었다. 그것은 단순히 교육받아왔음을 뜻하는 것이 아니라, 변화되지 않았음을 뜻한다.

그러나 우리는 변화에 저항하는 것처럼 보인다. 알게 모르게, 우리는 일어나야 할 중요한 변화들을 가로막는다. 우리는 열려야 할 중요한 토론을 방해한다. 우리는 우리에게 도전을 주며 답변토록 요구하는 개념을 보기를 회피한다.

그리스도인 공동체에서 내가 방해요소라 일컫는 것을 맞닥뜨리는 것이 우리가 처음이 아니다. 우리 신앙의 조상들조차 제자로서 그들의 성장을 방해하는 요소들과 싸워야만 했다. 로마서 7:15에서 사도 바울은 그의 갈등에 대한 설득력 있는 발언을 한다. "나의 행하는 것을 내가 알지 못하노니 곧 원하는 이것은 행하지 아니하고 도리어 미워하는 그것을 함이라." 사도행전 10장에서와 같이, 고넬료와의 만남에서 베드로는, 그리스도인 공동체로 고넬료를 받아들이는 것을 방해한 신앙에 맞서야했다. 다시 광야에서 예수님의 시험으로 돌아가서, 나는 이것이 예수께서 그의 사명과 사역을 방해할 수 있는 것과 정면으로 맞닥뜨리는, 방해요소에 관한 이야기라고 생각한다. 그는 그가 취할 여로를 명백히 할 것을 요구하는 이들 각 잠재적 방해요소들과 정면으로 맞서야만 했다.

그리고 우리에게도 마찬가지다. 우리가 그리스도인 공동체를 교육하는 사명을 진지하게 받아들인다면, 우리는 우리 사역을 방해할 수 있는 행위, 태도, 감정, 가치관, 가정, 신앙 등에 주목해야한다. 우리는 우리로 하여금 기독교교육을 중앙 무대로 옮겨서 이처럼 매우 중요한 사역을 새롭게 할 수 있는 것, 우리를 방해할 수 있는 것을 살펴볼 필요가 있다. 처리되지 않는 한, 방해요소들은 우리의 기초 요소를 한데 묶는 모타르(mortar)를 약화시킬 것이다.

밤에 더 요란해지는 것과 같이, 그들이 간과되고 지명되지 않았을 때, 방해요소들은 좀 더 강력하고 놀라우며, 효과적으로 활동한다. 그들은 우리가 불을 켜고 밝히 보아, 그들이 무엇인가를 말할 때 더욱 강한 힘을 발휘한다. 이것은 방해요소들이 제거된다는 의미가 아니다. 우리의 약속은 방해받지 않는 길이 아니다. 대신에, 방해요소들을 언급함은 우리로 하여금 방해 요소들을 어떻게 통과하고 극복할지에 대해, 또는 교육사역을 수행하기 위해 새로운 진로를 자유롭게 정하도록 한다.

이 장에서는 교회 사역에서 내가 본 몇 가지의 방해요소들을 언급한다. 목록이 절대적인 것은 아니며, 나는 여러분이 자신의 환경에서 경험하는 그러한 방해요소들에 대해 깊이 생각해 볼 것을 권한다. 나는 여러분에게 또한 빛을 비추리라는 희망으로 우리의 교육적 노력에 악영향을 끼칠 강조의 수단으로서 본 목록을 제공한다.

방해요소들

두려움

"우리가 오직 두려워해야 하는 것은 두려움 그 자체다." 프랭클린 루즈

벨트(Franklin Roosevelt)의 이러한 유명한 인용구는 우리가 하나의 중요한 문제, 새로운 개념 또는 접근을 전개, 또는 교회에서 무언가 새로운 시도를 할 때 우리가 자주 접하는 첫 번째 방해요소를 보여준다. 두려움은 자연스럽고 유익한 인간의 감정이지만 한편으로는 카를로스 카스타네다(Carlos Castaneda)가 칭한 것처럼 "학문의 적"[1]이 될 수 있다. 그것은 우리를 후퇴하게 하고, 움츠러들게 하며, 탐구와 질문을 멈추게 하고, 알고 이해하고자 하는 것을 멈추게 한다.

우리는 오늘날 세상에서 많은 두려움을 안고 살아가는 것 같다. 헨리 나우웬(Henri Nouwen)의 말과 같이, "우리는 두려운 사람들이다...우리 세계의 논제-신문과 방송을 가득 채우고 있는 문제와 기사들-는 두려움과 권력의 논제이다."[2] 많은 사람들이 두려움을 교회와 연관시키길 원하지 않는다. 교회는 사람이 안전하고 안정감을 느껴야 하는 곳이다. 우리는 두려움이 교회 환경에 적합한 감정이 아니며 종종 그것의 출현을 인정하길 회피한다. 그러나 신앙 공동체내에서 조차 두려움은 현실이다.

우리가 어떤 새로운 것에 직면했을 때, 유사한 형태 또는 일하는 방식에 있어서의 변화, 확고한 신앙의 도전에 처했을 때 그리고 다른 사람들은 그것을 다르게 본다는 것을 알았을 때, 우리의 반응은 대체적으로 두려움이다. 우리는 그것을 저급한 불안감 또는 마음을 짓누르는 절박감으로 경험할 수 있다. 어떠한 길이든, 우리는 통제 불능이라 느끼며 반응할 방법을 찾는다.

두려움에 대한 반응은 여러 가지 형태를 띤다. 때때로 우리는 변화로부터 멀리 달아나며 검증되고 익숙한 것을 의지한다. 예를 들면, 우리의 어떤 관점에 이의를 제기하는 새로운 성경 연구 자료를 시도하는 대신에, 우리는 수년간에 걸쳐서 사용해온 자료를 계속 사용한다. 또 다른 반응은 의심 또는 의문 제기를 허용하지 않는 사고가 경직되는 것이다. 여기서 덧붙일 말

---

1) Carlos Castaneda, *The Teachings of Don Juan: A Yaqui Way of Knowledge* (New York: Pocket Books, 1968), 82.
2) Henri Nouwen, *Lifesigns* (Garden City, N.J.: Doubleday, 1986), 15-16.

은 "그것이 세상이다. 우리는 그것들을 받아들이며, 의문을 제기하지 않는다." 때때로 우리는 우리가 실제로 아무것에도 관련되지 않는 상대주의라 부르는 것으로 도망쳐버린다. 우리는 한 가지 방법이 다른 것만큼 훌륭하다고 말하며 그럭저럭 해나간다.

나는 두려움이 예수님의 사역에 대한 예수님 당시 종교 지도자들의 반응에서 나타나는 한 요소라고 본다. 나는 바리새인들과 사두개인들이 "나쁜" 사람들이었다고 생각하지 않는다. 나는 그들이 악한 것을 계획했다고 생각하지 않는다. 대신에, 나는 그들이 예수가 가져온 도전과 변화를 두려워했으며 그들의 반응은 사고에 있어 더욱 경직되었고 그들은 단지 검증되고 익숙하게 일하는 방식을 고수했던 것이라 생각한다.

두려움은 교육의 적이다. 그것은 우리를 움츠러들게 하며, 연구하지 못하게 하며, 알지 못하게 한다. 그것은 마음을 열며, 대안석 관점으로 주의 깊고 비판적으로 보는, 적합한 방법으로 바꾸는 우리의 능력을 방해한다. 그것은 우리가 새로운 사고를 탐구하며 다양성을 기꺼이 받아들이는 우리의 의지를 억제한다.

그러나 여기에서 한 가지 주의할 말을 언급하고자 한다. 두려움을 정면을 맞서는 이유는 우리 가운데서 그것을 없애는 것이 아니라 어떤 것 혹은 모든 것에 대해 열려있기 위함이다. 우리가 경험하는 두려움은 우리가 신중하고 조심스럽게 일을 진행하는데 있어서 정당함을 갖게 한다. 우리는 중요한 것들을 다룰 때에는 신중할 필요가 있다. 그러나 두려움에 맞설 수 있는 것은 두려움이 우리를 지배하지 못하기 때문이다. 즉 이것은 우리의 결정에 있어서는 큰 요소가 되지 못한다.

나는 오래된 텔레비전 드라마 **"매*쉬"**(M*A*S*H)의 팬이다. 내가 기억하기로, 부대의 군의관이었던 셔먼 포터(Sherman Potter)대령이 젊은 병사를 수술하던 장면이 있었다. 그가 수술에서 사용된 솜 하나를 제거하는 것을 잊어버렸던 탓에 젊은 병사는 감염이 되었다. 결국 또 다른 의사 허크아이(Hawkeye)가 그것을 제거하는 수술을 해야만 했다.

이에 대한 포터(Potter)의 반응은 스스로 회피하는 것이었다. 그는 다른 사람들과의 관계가 원만치 않았으며 어떤 수술도 하기를 거부했다. 부대원들은 무언가 잘못되었다는 것을 알고 있었으나 어떻게 대처해야할 지를 몰랐다. 그들은 포터를 진찰하고자, 정신과 군의관인 시드니(Sidney)를 병영으로 데려왔다. 포터는 그와의 상담에서 실수를 범했던 그 사건과 함께 자신의 고민을 털어놓았다. 자신은 너무 늙고 기억력이 없어서 더 이상 수술을 하지 못할 것이라는 그 두려움을 꺼내 놓은 것이었다. 시드니는 솔직하게 언젠가 포터가 그만 두어야 할 날이 올 거라고 말했다. 그러나 포터의 현재 행동에 나타난 두려움의 통제 방법을 알고 있으므로, 시드니는 매우 강력한 어조로 말하였다. "그러나 셔먼, 두려움이 자신을 결정짓게 하지는 말게나."

그것은 두려움이 우리의 결정에 있어 지배적인 요소가 될 때, 두려움을 감정의 기초에 두게 됨으로써 삶의 큰 방해요소를 갖게 된다는 것이었다. 나는 이것이 또다시 교회에 발생한다고 본다. 우리는 무언가 새로운 접근 방식을 찾지만, 그것이 두려움이나 근심의 감정을 불러일으키고 있음을 알게된다. 사람들은 "우리는 전에 결코 이런 식으로 해 본적이 없다."와 같은 말로 거부하며 응수한다. 그리고 우리도 그렇게 움츠러들며 새로운 사상을 지속하지 않으리라 결심한다. 때때로 우리는 우리가 맞게 되는 반응에 대한 두려움 때문에 무언가 새로운 것조차 시도하지 않으리라 결심한다. 우리는 우리가 경험하거나 예상하는 두려움의 전제하에 결정을 내린다.

우리가 토론하게 될 모든 방해요소들과 같이, 나는 대안적 방법을 제시하고자 한다. 두려움 때문에 움츠러드는 대신에, 우리는 그것들을 완전히 정면으로 바라볼 필요가 있다. 우리는 그것의 정체성을 말할 필요가 있으며 그것들이 우리에게 무엇을 말하려고 하는가를 알아볼 필요가 있다. 우리는 사람들로 하여금 우리가 무엇을 하고 있는지를 이해하도록 하지 않고 너무 성급하게 지나치지 않는가? 이때 우리는 사람들로 하여금 이해하도록 시간적 여유를 가질 필요가 있다. 우리가 새로운 지역을 탐험할 때 사람들에게 안전의식이 없을 만큼 익숙한 모든 것을 포기했는가? 우리는 모험에 있어서 익숙함과 새로움의 균형이 필요하다. 우리가 사람들로 하여금 그들의 두려움을 말하게 하여 그것들이 침묵하지 않도록 하기 위한 방법들을 제공하였는가? 종종 그것은 우리에게 있어 최고의 권력을 지녔다고 말할 수 없었던 것이다.

문제는 두려움을 용기로 바꾸고, 겪을 두려움을 용기로 변화시키며, 성령에 열려 있고, 새것으로 옮아가고 우리 가운데 방법을 바꾸는 것이다. 우리가 두려움에서 용기로 나아갈 때, 우리는 전진할 힘을 발견한다. 겟세마네 동산에서, 예수님은 두려움에 직면하였으며 그의 앞에 놓인 여정에 맞서기 위해 두려움을 용기로 바꾸었다. 그의 제자로서, 우리는 이와 같이 하도록 부르심을 입었다.

그릇된 명석함

이 방해물은 처음에는 다소 혼란스러워 보일는지 모른다. 결국 명석함이 우리 교육의 목표라고 생각할 것이다. 해명의 말을 필요로 한다. 우리는 분명하게 보고 생각하길 원한다. 그릇된 명석함이란 우리가 해답이라고 생각하는 사고방식이다. "나는 결심했다. 나는 무엇을 생각해야 하는 줄 안다. 그 이외의 어떤 것으로 나를 혼란케 하지 말라!"

그릇된 명석함으로 인하여 발생하는 일은 우리 주위에 있는 것에 눈멀게 하는 것이다. 카스나네다(Castaneda)가 말하기를, "그것은 사람[sic]으로 하여금 결코 자신을 의심하지 못하게 한다. 그것은 그에게 확신을 주어 그가 좋아하는 무슨 일이든지 할 수 있다. 그는 모든 것을 분명하게 본다고 믿게 된다."[3] 이것은 오만한 억측으로 이끌며, 우리는 "올바른" 해답을 가지고 있으므로 우리의 임무는 다른 이들도 그러한 해답을 수용하는지를 살피는 것이 된다. 우리는 그들이 우리만큼 "명석"해 지기를 원한다.

우리는 오늘날 세상의 사역에서 이러한 종류의 명석함을 수많은 세상의 종교 공동체에 영향을 미치는 근본주의의 밀물로 본다. "기본"을 갖출 것을 주장하는 사람들은 그들이 옳고 그 밖의 모든 이들이 잘못되었다고 말하는

---

[3] Castaneda, 85.

명석함으로부터 작용한다. 의문, 의심을 선택하는 자, 또는 또 다른 관점을 제기하는 자는 거짓 신앙으로 비난을 받으며 공동체로부터 소외된다.

교육에 대한 위험은 우리가 학습을 멈추는 것이다. 만일 우리가 이미 진리를 알고 있다면, 만일 우리가 이미 그것을 분명하게 알고 있다면, 우리는 더 이상의 지식 또는 정보로 인해 근심하지 않아도 된다. 우리는 파울로 프레어(Paulo Freire)가 "뱅킹"이라 칭하는 교육 접근을 취한다.[4] 우리의 임무는 단순히 우리의 명석함을 타인에게 "예금"하는 것이며, 그들은 아무 염려가 없을 것이다. 하나님께서 우리에게 새롭게 말씀하심을 통한 또 다른 관점에 대해 더 이상 의심과 의문의 여지가 없다.

나는 사도 도마에 대하여 많은 동정심을 지니고 있다. 그는 공개적으로 그의 의심에 관하여 정직했으며 다른 사람의 말을 다소 단순하게 받아들이지 않았다. 그는 자신이 직접 보고체험하길 원했다. 예수께서도 또한 명백하고 진지하게 도마를 수용하였다. 그가 제자들에게 나타나셨을 때, 그는 도마의 의심에 대하여 꾸짖지 않으셨다. 그는 "왜 네가 의심하느냐?" 하는 대신에, 그는 도마에게 친히 볼 것을 권유하셨다. "네 손가락을 이리 내밀어 내 손을 보고 네 손을 내밀어 내 옆구리에 넣어보라. 의심하지 말고 믿으라"(요 20:27). 그것은 예수께서 더 이상 의심하지 말라고 그를 부르시어 도마가 보고 경험할 수 있었던 바로 직후였다. 우리 모두 의심과 의문을 제기할 때 그리고 이러한 신앙 여정에 우리 자신을 보고 경험하기 위해 탐구한다. 다른 누군가의 명석함을 무조건 따르는 것은 절대로 안 된다.

그러나 또 다른 주의의 말이 요구되어진다. 그릇된 명석함의 반대말은 단지 의문이나, 의심, 그리고 상대주의에 기초한 삶이 아니다. 그릇된 명석함에 대한 해답은 "뭐든지 허용된다"는 태도가 아니다. 헌신하고, 우리의 신앙을 주장하고, 우리에게 중요한 것을 하기로 결단하며, 그것에 반응하여 신실하게 살아가는 것이 중요하다. 그릇된 명석함의 반대는 지각없는 상대주의가 아니라, 우리가 더 깊은 이해를 위한 길로서 믿고 기꺼이 의심과 의

---

4) Paulo Freire, *Pedagogy of the Oppressed* (New York: Seabury Press, 1970), 58ff.

문을 품는 것에 주목하고자 하는 사려 깊은 태도이다. 우리는 라이너 마리아 릴케(rainer Maria Rilke)가 그의 젊은 친구에게 한 충고에 귀기울인다.

> 그대의 마음속에 풀리지 않는 모든 것들을 인내하며 자물쇠로 굳게 채워진 방처럼 의문 자체를 사랑하도록 노력하라....지금 해답을 찾으려고 하지 말라. 그대가 그것들과 함께 살 수 없을 것이므로 그것은 주어지지 않을 것이다. 그리고 중요한 것은 모든 것들과 함께 사는 것이다. 지금 의문과 함께 동거하라. 그러면 아마도 그대가 눈치 채지 못한 사이 불원한 장래에 점점 그 해답과 함께 거하게 될 것이다.[5]

그릇된 명석함은 교회의 교육 사역을 새롭게 하고 변화시키는 우리의 사역을 방해한다. 사역에서의 그릇된 명석함은 우리가 다양한 곳으로부터가 아닌 오직 하나의 자료 자원만이 교회용으로 올바르고 적합하다고 주장하며 교육과정 자료와 자원을 보기를 거부한다. 사역에서 그릇된 명석함은 교회 학교(예를 들면, 연령에 따른 구분)를 구성하는 단 한 가지의 옳은 방법이 존재한다거나, 성경 연구에서 사용될 수 있는 단 한 가지의 해석만이 존재한다고 주장한다.

나의 바람은 그릇된 명석함을 넘어서서 스스로로 하여금 의심과 의문을 제기하도록 하며 대안을 연구하고 지역적 환경에서 교육 사역을 위한 가능성을 고려해 할 수 있는 사려 깊은 개방성으로 옮아가는 것이다. 우리가 정확히 어떻게 무언가가 이루어져야함을 알고 있다고 생각하고 어떤 다른 관점도 거부하는 그릇된 명석함으로부터 영향을 받는 우리 자신을 발견한다면, 잠시 휴식을 취하고 말하기를, "그러나 만약...?" 우리가 이것을 시도했더라면 어땠을까? 만약 우리가 이런 관점으로 보았다면 어떠했을까? 이러한 가능성을 고려했더라면 어떠했을까? 라고 해보기를 권한다. "만약"의

---

5) Rainer Maria Rilke, *Letters to a Young Poet* (New York: W. W. Norton, 1934), 33. School Teacher' Is Described and Defined by Selected Local Presbyterian Church School Teachers (Ed.D. diss., Presbyterian School of Christian Education, 1987).

문제는 꿈을 꾸고 이상을 말하는 공간을 제공한다. 그러한 공간에 하나님께서는 새로운 삶을 부여하실 수 있다.

가정들

　기독교교육에 능력을 부여하고 개혁하는 우리의 사역을 저해하는 또다른 방해요소는 내가 *가정*(presumptions)이라고 일컫는 것이다. 가정이란 예상하는 관념, 우리가 사람들과 사물에 관하여 갖고 있는 기정사실화된 개념이다. 우리는 모두 그것들을 가지고 있으며, 어떤 가정들은 실제로 우리로 하여금 하루를 좀 더 평온하게 살아가도록 돕는다. 우리는 해가 아침에 떠서 저녁에 질 거라고 가정하고, 인정한다. 우리는 수도꼭지를 틀면, 맑은 물이 쏟아져 나올 것이라고 가정한다. 직장에 차를 몰고 갈 때 우리는 대부분의 사람들이 교통 법규를 지킬 것이라고 가정한다. 우리는 이런 것들을 매일 가정하며, 그것들을 기정사실화함에 있어서 우리는 많은 생각을 하지 않는다. 우리의 주목과 열정은 다른 것들에게 주어질 수 있다.

　그것들이 맹점으로 떠오를 때 가정은 문제가 된다. 우리가 무언가를 기정사실화할 때, 우리는 보는 것을 멈추고, 주의를 기울이며 그러므로 우리로 하여금 어떻게 반응할 지 대체할 이유를 제공하는 변화들을 놓친다. 나는 위조지폐 제조자들이 1달러짜리 지폐를 20달러짜리로 바꾸어 사람들로 하여금 믿게 만든다는 얘기를 들었다. 그들이 지폐에 20이라는 숫자를 볼 때, 그들은 그것이 정확하다고 가정하고, 결코 세세한 부분들을 실제로 가까이에서 보지 않는다.

　가정들은 교회에 존재하며 우리가 새로운 것을 이상 하는 것을 방해하는 장애요소를 야기 시킨다. 나는 나의 박사 논문을 위하여 교회 학교 교사들에게 실시한 조사에서 영향을 미치는 가정들을 보았다.[6] 대부분의 교사들이 학교 모델(교실에서 탁자 주위의 의자에 앉아 있는 어린이들)은 그들이 가

---

6) Karen Tye, "Those Who Teach: A Qualitative Investigation of How 'Church School Teacher' Is Described and Defiend by Selected Local Presbyterian Church School Teacher" (Ed. D. diss, Presbyterian School of Christian Education, 1987).

르쳐야 할 방식이라고 가정하였다. 그들은 아이들이 그들 교사들이 좋아하고 그들이 학습한 방법을 사용함과 같이 똑같은 방식으로 배웠음을 가정했다. 그들은 이것이 자원적인 일이며 주일날 아침에 겨우 45분이 소요되는 것이므로, 너무 많은 시간을 할애할 필요가 없다고 가정했다. 그들은 자신들이 매 주일날 거기에 존재하는 한 교회는 관심을 갖지 않으므로 교육과정 자료가 무엇을 제시하든 간에 자신들이 중요하다고 생각하는 것을 가르치는 경향이 있다고 가정한다.

내가 이들 교사들에 대하여 부정적으로 묘사하고자 함이 아니다. 그들은 매우 헌신적이고 섬김의 사람들이다. 그러나 그들은 대부분의 교육을 가정에 기초를 두고 실행한다. 그들은 단순히 어떤 관점과 어떤 일을 하는 방법을 기정사실화하며 결코 사려 깊게 생각하지 않는다. 그리고 그들로 하여금 좀처럼 그렇게 생각하지 않도록 만드는 것은 교회의 불명예가 된다.

우리가 교회학교는 기독교교육을 위한 유일한 환경이라고 가정할 때, 연령별 반 편성이 유일한 교육 방식이라고 가정할 때, 사람들은 오직 특정한 방법으로만 학습한다고 가정할 때, 그들은 단순히 자원 봉사자들이므로 교회학교 교사들에게 너무 많은 요구를 해서는 안된다고 가정할 때, 우리가 지역 교회의 교육 사역에 관하여 가정에 관한 장구한 목록을 만들 때, 우리는 기독교교육을 새롭게 하고 변화시키는데 필요한 일종의 창조적인 사고와 분석에 대한 방해요소를 만들어내게 된다. 우리는 다른 관점, 다른 가능성, 그리고 다른 접근법을 추구하기를 멈춘다.

필요한 것은 가정에서 주의를 기울임으로의 변화이다. 나의 남편이 좋아하는 단어가 *관찰*(observation)이었던 그의 한 신학교 교수에 관한 이야기를 들려주었다. 그의 학생들이 중요한 사실 또는 정보를 간과한다고 보여 질 때, 이 교수님은 "관찰!"이라고 말함으로써 그들을 환기시켰다. 그는 그들 앞에 무엇이 놓여 있는지 인식하도록 하기 위해, 무의식적으로 보고 의식적으로 볼 것을 요구하였다.

---

7) Daniel Aleshire, *Faithcare* (Philadelphia: Westminster Press, 1988), 15.

다니엘 알레이셔(daniel Aleshire)는 그의 책 신앙교육(Faithcare)에서 주의를 기울임의 중요성에 관하여 말하고 있다. 그는 주의를 기울임이 "사역의 명확한 표현을 위해 요구되어지는 정보를 제공한다"[7]고 생각한다. 그것은 "지속적인 교육과 교회의 프로그램 사역에 매우 중요하며,"[8] "우리로 하여금 '단순히 보고' 우리의 관심에 대한 인식, 이상에 대한 감수성, 그리고 우리의 지각을 명확히 하는 렌즈의 올바른 사용을 통해 '의식적으로 볼 것' 을 요구한다."[9]

우리가 가정을 멈추고 단순히 보고 의식적으로 볼 시간을 가질 때, 우리는 사람들이 수많은 다른 방법으로 학습한다는 사실을 알게 될 것이다. 우리는 기독교교육이 다양한 환경에서 실시됨을 알게 될 것이다. 우리는 노인과 젊은이들이 공동의 관심사를 나누고 서로에게서 배울 수 있음을 알게 될 것이다. 우리가 추정을 멈출 때, 우리는 "질문하고 찬양하며, 슬퍼하고 믿으며, 신앙의 교훈을 배우며 신실한 사람으로 성숙하도록 돕는 사역의 표현법을 계획 하는 사람들에게 관심을 기울일 수 있게 된다."[10]

틀에 박힌 일

네 번째 방해요소는 내가 틀에 박힌 일 이라고 칭하는 것이다. 나는 아주 어렸을 적에 부르곤 했던 한 노래를 기억한다. 나는 그것이 요일을 익히는데 도움이 되는 방법이었다고 생각한다. 가사는 다음과 같다. "이렇게 옷을 빠는 거야, 옷을 빨자, 옷을 빨자. 모두 월요일 아침에 이렇게 옷을 빠는 거야." 매주 매일 마다 다른 활동이 있었다. 전부 기억나지 않지만, "옷을 다리자, 모두 수요일 아침에 옷을 다리자." 그리고 "교회에 가자, 모두 일요일 아침에 교회에 가자"는 기억이 난다. 내가 또한 기억하고 있는 것은 이 노래가 어린 시절 가정에서 일상적인 틀에 박힌 일을 묘사하고 있다는 것이다. 나의 어머니는 대개 월요일에 세탁을 하셨고, 수요일에 다림질을 하셨

---

8) Ibid., 23.
9) Ibid., 17.
10) Ibid., 35.

으며, 금요일에 청소를 하셨고, 우리 모두 일요일에 교회에 갔다. 그것은 우리 생활의 기존 양식이다. 실제로, 조금의 거리낌도 없이 이러한 틀에 박힌 일로부터 벗어나기 위해 나의 성년 시절에 얼마간의 시간과 노력이 들었으며, 그럼에도 나는 그것을 제대로 해내지 못했다.

틀에 박힌 일은 삶의 실상이다. 우리들 대부분은 일을 하는 습관적이고 규칙적인 방법을 가지고 있다. 우리가 하는 가정과 같이, 틀에 박힌 일들은 우리 삶을 도울 수 있고, 다른 활동들을 위한 정력에 있어 자유롭게 하는 양식과 질서를 제공한다. 그러나, 일상적인 일은 우리가 습관적인 양식을 기계적으로, 생각 없이 그리고 구태의연한 방식을 따를 때 방해요소가 된다. 월요일에 빨래하기 또는 다른 가능성을 고려하지 않고 수요일에 다림질하기를 제한함은 우리의 삶을 방해하는 일상을 허용하는 것이다.

이들 장에 수차례 언급된 여러분이 들은 말, "우리는 항상 이런 방식으로 했다"는 종종 보루를 구축하여 굳건한 현재 상태인 틀에 박힌 일을 나타낸다. "우리는 항상 이러한 방식으로 교회 학교 교사들을 선발했다," "우리는 그 때에 항상 여름 교회 학교를 열었다," 또는 "우리는 항상 이러한 방식으로 크리스마스 축제를 하였다."

틀에 박힌 일이 기계적이 되고 불변하게 될 때 일어나는 일은 우리 앞에 놓인 가능성 깨닫기를 멈추는 것이다. 나와 내 남편은 걷기를 좋아한다. 우리는 대개 2마일을 걸음으로써 하루를 시작한다. 일상적인 일을 좋아하는 사람으로, 나는 어떤 길을 선택하고 그것을 고수한다. 그러나, 브렌트(Brent)는 다양성을 좋아하여 항상 좇을 새로운 길을 제시한다. 내가 발견한 것은 틀에 박힌 일로부터 벗어나서 나로 하여금 달리 볼 수 없는 것들을 볼 수 있게 만드는 다른 길을 택하라는 권유이다. 다양성에 대한 그의 초대는 새로운 전망과 나의 삶을 풍요롭게 하는 새로운 경험들을 제공한다.

나는 교회에서도 이와 마찬가지라는 생각이 든다. 우리를 방해하고 속박하는 일상들을 떠나려 할 때, 우리가 다양성을 포용하고 일을 하는 기타 방식들을 기꺼이 받아들이려 할 때, 우리는 종종 새로운 지식과 우리를 풍성하고 놀라운 길로 예비하시는 하나님을 체험하는 축복을 받는다.

조급함의 횡포

　조급함의 횡포는 교회 사역에서의 또 다른 방해요소이다. 우리는 즉석 커피, 즉석 의사소통, 즉석 효과의 "인스턴트"시대에 살고 있다. 그것은 금방 효과를 나타내지 않으면 소용이 없는 것처럼 보인다. 우리는 바로 효과를 나타내는 약을 원한다. 우리가 당면한 어떠한 문제든지 지금 해결하길 원한다. 우리는 우리의 문화 속에서 조급함에서 조급함으로, 현재 위기에서 다음 위기로 비틀거린다. 뉴스는 몇 시간 전의 사건을 좇는 "구식"으로 간주된다. 나는 때때로 우리가 일부러 조급함을 찾으려 하고, 우리로 하여금 흥분케 하여 아드레날린(adrenaline)을 분비시키는 다음 위기를 찾으려 한다고 생각한다. 나는 우리의 문화가 조급함에 빠진 문화라고 생각한다.

　교회는 이러한 조급함의 횡포에 면역력을 갖추지 못했다. 만일 우리가 새로운 일을 시도하여 우리가 바라는 대로 즉시 효과를 나타내지 못하면, 우리의 반응은 그것이 무엇이든 간에 내어버리고 새로운 아이디어로 옮겨가는 것이다. 왜냐하면 바로 효과를 나타내지 않으면, 그것은 옳은 것이 아니라 생각하기 때문이다. 우리는 무슨 일이 일어났는지 분석하기 위해, 변화의 복잡성과 어떻게 하여 발생했는지를 살펴보기 위해 시간을 할애하지 않는다. 대신에 빠른 해결을 원하며 황급하게 다른 무언가를 시도하기 시작한다.

　이러한 제반 문제는 현실을 간과한다는 것이다. 변화는 대개 하루아침에 일어나지 않는다. 그것은 시간과 인내를 필요로 한다. 교회가 당면한 문제의 대부분은 해결하는데 오랜 시간이 걸렸으며 즉각적으로 해결할 수 없는 것들이었다. 우리는 이것에 있어 긴 여정에 있음을 깨달아야 한다. 사람들이 이러한 노력에 관하여 수많은 절망적인 징조들이 있을 때 어떻게 내가 꾸준히 교회 교육 사역의 문제들을 해결해 왔는지 물을 때, 나는 그들에게 나는 이것을 나의 손자와 먼 자손들을 위해 한다고 말해준다. 나는 결과를 보지 않으나, 교회의 미래는 우리의 오랜 헌신을 요구한다. 바위에 끊임없이 그리고 지속적으로 떨어지는 낙숫물과 같이, 만일 우리가 인내심 있게 지속한다면 큰 강으로 향하는 수로는 마침내 모습을 드러낼 것이다.

여기서의 관건은 변화는 인생과 같이 시간을 요한다는 것을 아는 인내심, 즉 조급함의 이러한 횡포로부터 내가 *철저한 인내심*이라 칭하는 것으로 옮아가는 것이다. 수 벤더(Sue Bender)가 그녀의 암만파(신교의 일종) 체험 이야기인, 그녀의 책 **진솔하고 단순하게**(Plain and Simple) 에서 말한바와 같이, "기적은 수많은 어려움 뒤에 찾아온다."11) 우리가 교회 생활 중 조급함의 압박감을 느낄 때, 우리는 우리가 상상할 수 있는 그 무엇 보다 철저한 인내심을 나타내는 그러한 확고부동한, 영원한 사랑에 신뢰를 둘 수 있으며, 우리가 필요로 하는 모든 시간을 가졌다는 것을 안다.

삶의 "무질서함"

내가 언급하고자 하는 마지막 방해요소는 내가 삶의 *무질서함*(messiness)이라 칭하는 것이다. 나는 이러한 용어를 나에게 소개한 동료 교수인 페기 웨이(Peggy Way)박사를 신뢰한다. 무질서함은 삶이 단순하고, 정돈되고, 예측할 수 있는 것이 아닌 현실임을 지적한다. 세상에서는 우리가 계획하지 않은 일이 일어난다. 사람들은 우리가 바라던 방식대로 반응하지 않는다. 그리고 우리는 우리가 생각했던 것만큼 통제할 수 없음을 깨닫는다.

이러한 예에서 방해요소는 삶이 "무질서" 하다 라기 보다는, 우리가 이러한 무질서함에 반응하는 방식이다. 우리는 부정하고, 회피하거나 "해결" 하려고 든다. 우리는 밖에 완전한 삶이 존재하며, 대문자 T를 가진 "Truth(진리)" 는 아주 가까이에 있으며, 만일 우리가 "옳게" 행하기만 한다면, 문제는 해결될 것이라는 망상에 사로잡혀 살고 있다. 삶은 통제될 것이며, 그리고 우리는 성공적인 교육 사역을 하게 될 것이다.

나는 이것을 어떻게 교육 사역을 수행해야 하는지 명쾌한 해답을 주길 원하는 학생들로부터 듣는다. 나는 목회자들, 기독교교육 사역자들, 그리고 그들의 문제를 해결해 줄 프로그램이나 자료를 원하는 관계된 평신도들로부터 듣는다. 나는 교회가 새로운 교육 과정 자료를 시도하고 몇몇 교사들이 불평할 때 삶의 무질서함에 대한 부정이 영향을 미친다고 생각한다. 그러나

---

11) Sue Bender, *Plain and Simple* (San Francisco: HarperCollins, 1989), 149.

그들은 성경 연구를 위한 새로운 시간을 선택하며 그들의 시도에는 예상보다 적은 사람들이 참여하게 된다. 어느새 교회의 반응은 새로운 자료를 접거나 새로운 시간을 포기하는 것이다. 정력 에너지(energy)는 무슨 일이 일어났는지를 분석하고, 변화의 복잡성과 어떻게 변화가 일어나는지를 알아보기 위해 주어지지 않았다. 대신에, 우리가 단순히 외부에 존재한다고 알고 있는 문제에 대한 손쉬운 해결책 구하기를 계속한다. 우리는 단지 알아내야만 한다.

이러한 모든 어려움은 현실을 간과한다는 것이다. 교회는 다른 관점을 지닌 사람들이 함께 일하고자 하는 곳, 긴장과 모호함이 일상의 일부인 곳, 그리고 문제가 대개 단순히 해결되지 않는 복합적 환경이다. 변화는 시간이 걸리며 일반적으로 단순한 과정이 아니다. 한 장소에서 효과적인 것이 우리가 아무리 애를 쓴다할지라도 또 다른 장소에서는 효과적이지 않을 것이다.

실상은 완전한 프로그램이 없고, 완벽한 접근방법이 없으며, 그것을 수행하는 유일한 옳은 방법이 없다는 것이다. 거기에는 유용하고도 유익한 접근방법, 프로그램, 그리고 주어진 시간에 주어진 환경에 적용할 수 있는 일을 수행하는 방식이 존재 한다. 그러나 우리는 단번에 기독교교육이 당면한 문제들을 해결하는 방법을 찾을 수 있다고 생각하는지 자신을 시험한다. 이 책에서 우리가 해 온 논의를 우리는 반복적으로 다룰 필요가 있다.

그것은 목적이 우리로 하여금 열려 있으며 깨어 있고, 변화와 상황의 복잡성에 민감하며, 발생하는 필요로서의 적절한 선택과 결정을 하게 할 수 있는 지속적인 대화가 필요하다. 우리의 문제는 부인하고, 회피하거나, 또는 복잡함과 모호함을 포용하기 위해 우리 주위의 삶의 무질서함을 "고치려고"함으로부터 옮기는 것이며, 우리를 가르치기 위해 그들이 가지고 있는 것에 주목하는 데에 있다. 또한 이 문제들은 종종 이렇게 무질서하고 깨어진 인간 세계를 우리의 이해를 뛰어넘는 방식으로 사랑하시고 돌보시는 하나님의 계획되거나 기대되어지지 않은 것들의 안에 존재한다. 우리는 그렇게 확고부동하고, 영원한 사랑을 신뢰할 수 있으며 우리가 "올바르게" 행하기 위해 부르심을 받은 것이 아니라 우리의 여정을 신실하게 살기 위하여, 우리 앞에 놓인 문제들을 포용하기 위하여 전진한다.

제8장 방해 요소들: 무엇이 방해하는가? · 175

요약

예수님에 관한 가장 사랑받는 이야기 중 하나는 어린 아이들과의 만남이다. 마가는 다음과 같이 이야기한다.

사람들이 예수의 만져주심을 바라고 어린 아이들을 데리고 오매 제자들이 꾸짖거늘, 그가 보시고 분히 여겨 이르시기를, "어린 아이들이 내게 오는 것을 용납하고 금하지 말라. 하나님의 나라가 이런 자의 것이니라. 내가 진실로 너희에게 이르노니, 누구든지 하나님의 나라를 어린 아이와 같이 받들지 않는 자는 결단코 들어가지 못하리라."하시고 그 어린 아이를 안고 저희 위에 안수하시고 그들을 축복하시니라(막 10: 13-16).

개정 표준역(RSV) 성경에서는, "그들을 금하지 말라"라는 구절이 "그들을 방해하지 말라"라고 번역되어 있다. 예수께서는 그의 제자들에게 그들을 섬기시기 위해 오신 그러한 가장 작은 자들을 그들이 방해하던 방식을 주의 깊게 살필 것을 환기시키셨다.
  본 장은 기독교교육 사역을 신실하게 수행하고자 할 때 여러분과 여러분의 신앙 공동체를 방해하는 것에 대해 깨닫도록 독자 여러분을 권유하고 촉구한다. 두려움, 그릇된 명석함, 가정들, 틀에 박힌 일, 조급함의 횡포, 삶의 무질서함에 대한 부정, 그리고 당신의 현재 상황에 제시된 교육 사역을 새롭게 하고 변화시키는 일에 영향을 미치는 기타 방해요소들은 무엇인가?
  이러한 방해요소들을 말함에 있어서, 그들이 우리 삶에서 어떻게 작용하는지 이해함에 있어서, 그리고 신실하게 그들과 대립함에 있어서 우리는 두려움을 용기로, 그릇된 명석함을 개방성으로, 가정에서 사려 깊은 주목으로, 일상에서 다양성에 관계하며, 조급함의 횡포에서 철저한 인내심으로, 그리고 삶의 무질서함에 대한 부정에서 복잡성과 모호함을 포용 하는데 까지 나아가도록 능력을 부여받았다. 만일 우리가 방해하는 그러한 것들, 그러한 활동에 참여한다면 지식의 원천이 되는 잠재력을 가지며, 우리의 사역은 복을 받게 될 것이다.

숙고와 적용

다음의 연습문제는 독자들로 하여금 본 장에서 제시된 개념들과 관계함을 돕기 위해 제공되었다.

1. 자신의 교회에서 영향을 미친다고 보는 방해요소들을 들어보아라. 본 장에서 논의된 어떠한 것이라도 목록에 포함되는가? 어느 것인가? 어떤 새로운 것을 들 수 있는가? 우선순위를 매겨 보아라. 자신의 환경에서 어느 방해 요소가 가장 강력한가?

2. 종이 위에, 자신이 말한 각 방해요소를 써보아라. 각 방해요소 밑에, 방해요소가 자신의 교회에서 영향을 미친다고 보는 방법들의 목록을 작성하라. 예를 들면, 새로운 개념에 대한 사람들의 회피에 두려움이 작용하는가? 사람들의 주장에 틀에 박힌 일상의 방해요소가 영향을 미쳐서 똑같은 방식으로 계속 되풀이하여 만사가 이루어진다고 보는가?

3. 자신의 교회에 존재한다고 생각하는 기독교교육에 관련된 가정들에 대한 목록을 작성하라. 이들 가정들 중 어느 것이 유익한가? 어느 것이 방해가 되는가?

4. 자신이 인식한 방해요소들을 당신의 교회가 처리할 수 있는 방법들을 계획하여 보라. 어떻게 두려움을 용기로, 그릇된 명석함을 개방 등으로 변화시킬 수 있는가? 구체적으로 말하여보라.

5. 자신의 환경에서 교회 교육 사역을 가로막는 방해요소들을 없애기 위해 취할 필요가 있는 다음 단계는 무엇인가? 그것이 무엇이고, 누가 할 것이며, 언제 이루어질 것인가에 관하여 상세히 말하여보라.

후기

지혜 이야기 모음집에서 노아 벤쉬아(Noah BenShea)는 야곱이라고 불리는 한 남자와 그가 살고 있는 마을로부터 온 한 그룹의 부모들 사이의 만남에 대하여 이야기하고 있다. 마을에서 빵굽는 일을 하는 야곱은 세인들에게 지혜로운 사람으로 통하고 있다. 야곱의 이야기를 듣고 그와 함께 말하기 위해서 그의 빵집을 찾는 사람들 가운데 아이들이 있다. 그들의 부모들은 아이들이 모이는 것에 지대한 관심이 있고, 도대체 무슨 일이 벌어지고 있는지 궁금해 한다. 어째든 그는 단지 빵굽는 사람이다. 그렇다면 그가 그들의 아이들에게 가르칠 수 있는 것은 무엇일까? 그를 만나기 위해서 온 부모님들과의 만나는 자리에서, 야곱은 그가 자신이 그들의 아이들에게 가르치는 것을 부모님들에게 알려주게 되어 기쁘지만, 먼저 그는 그들이 자신을 위해 무엇인가를 해야 할 것을 권한다. 그는 그들의 손가락을 귀에 댈 것을 요청한다. 부모들은 야곱이 시키는 대로 그대로 하자 야곱은 그제야 이야기를 한다. 몇분 후에 부모들은 불만으로 가득차서 그들의 팔을 흔들며 야곱에게 우리의 손이 귀를 막고 있어서 말하는 것을 들을 수 없다고 말한다. 야곱이 대답한다. 그것이 바로 내가 당신의 아이들에게 말하고 있는 바입니다.

이 이야기기 말하고자 하는 통찰력은 분명하다. 우리가 손가락으로 귀를 막으면 들을 수 없다. 우리가 손으로 눈을 가리면 볼 수가 없다. 연구 기관에서 1990에 발행된 교회 교육의 현황에 대한 보고서는 우리로 하여금 교회의 중요한 교육 목회 사역에 대하여 어떤 진리들을 보고 듣도록 하기 위해서 우리 눈과 귀에 대고 있는 손을 내려놓게 한다. 이 연구 조사가 실행되어지고 그 보고서가 책으로 출판된 지 오랜 시간이 지났다. 그리고 내 의견으로는 우리들이 여전히 오늘날 교회 안에서 이뤄지는 기독교교육에 대한 우리의 귀와 눈을 열어가는 사역을 하고 있는 것으로 판단되어진다.

나의 바람은 이 책에서 그동안 제시했던 토론이 우리의 경청을 예리하게 만들고, 우리의 시선을 분명하게 하고, 믿음으로 교육하는 사명을 실천하는 새롭게 갱신된 방식들에 헌신하고자 하는 우리들 가운데 많은 이들을 돕는데 매개체로서의 역할을 담당하는 것이다. 효과적인 기독교교육은 목회자들, 교회 교육에 종사하는 사람들, 교회의 기관들, 평신도, 신학교들, 교단 스텝들을 포함한 교회의 총체적인 국면들이 함께 어우러져서 주의 깊이 그리고 사려 깊게 교육의 사명을 생각하고, 교회의 교육적인 노력들을 위한 강력한 지지를 제공하게 될 때 이뤄질 수 있다.

우리에게 부여된 도전은 교회의 미래를 건설하는 것이다. 이 책에서 제안한 기초를 통해 토대를 놓음으로서 적절한 위치에 기초적인 빌딩 블록들을 세울 수 있게 될 것이다. 거기에서부터 강력하고 생명력 있는 교육 목회 사역이 생겨지게 될 것이다. 다음 세대들은 우리들의 노력 여하에 달려 있게 된다. 우리들이 우리들의 부르심에 신실하게 하소서!

참고문헌

Methods

Crockett, Joseph V. *Teaching Scripture From An African-American Perspective*. Nashville: Discipleship Resources, 1990.

Furnish, Dorothy J. *Experiencing the Bible with Children*. Nashville: Abingdon Press, 1990.

Galindo, Israel. *The Craft of Christian Teaching*. Valley Forge, Penn.: Judson Press, 1998.

Griggs, Donald L. *Teaching Teachers To Teach*. Livermore, Calif.: Griggs Educational Service, 1974.

Halverson, Delia. *New Ways to Tell The Old, Old Story: Choosing and Using Bible Stories with Children and Youth*. Nashville: Abingdon Press, 1992.

LeFever, Marlene D. *Creative Teaching Methods*. Elgin, Ill.: David C. Cook, 1985.

Leypoldt, Martha M. *40 Ways to Teach in Groups*. Valley Forge, Penn.:Judson Press, 1967.

McCarthy, Bernice. *About Learning*. Barrington, Ill: Excel, 1996.

Osmer, Richard. *Teaching for Faith*. Louisville: Westminster John Knox Press, 1992.

Rusbuldt, Richard E. *Basic Teacher Skills*. Valley Forge, Penn: Judson Press, 1981.

Smith, Judy Gattis. *Joyful Teaching-Joyful Learning*. Nashville: Discipleship Resources, 1986.

---. *77 Ways to Energize Your Sunday School Class*. Nashville: Abingdon Press, 1992.

Van Ness, Patricia W. *Transforming Bible Study with Children*. Nashville: Abingdon Press, 1991.

Williams, Linda Verlee. *Teaching for the Two-sided Mind*. New York: Simon & Schuster, 1983.

Wimberly, Anne Streaty. *Soul Stories: African American Christian Education*. Nashville: Abingdon Press, 1994.

Wink, Walter. *Transforming Bible Study*: A Leader's Guide. Nashville: Abingdon Press, 1990.

Teaching in the Church

Caine, Renate Nummela, and Geoffrey Caine. *Making Connections: Teaching and the Human Brain*. Menlo Park, Calif: Addison Wesley, 1994.

Forster, Charles R. *Teaching in the Community of Faith*. Nashville: Abingdon Press, 1982.

---. *The Ministry of the Volunteer Teacher*. Nashville: Abingdon Press, 1986.

Griggs, Donald L. *Planning for Teaching Church School*. Valley Forge, Penn.:Judson Press, 1985.

Halverson, Delia. *How Do Our Children Grow? Introducing Chil-dren to God, Jesus, the Bible, Prayer, Church*. Rev. ed. St. Louis: Chalice Press, 1999.

---. *How To Train Volunteer Teachers*. Nashville: Abingdon Press, 1991.

Jackson, Byron, ed. *Designs for Teacher Education*. Memphis: Board of Christian Education, Cumberland Presbyterian Church, 1982.

Joyce, Bruce, MarshaWeil, and Beverly Showers. *Models of Teaching*. 4th ed. Boston: Allyn and Bacon, 1992.

Little, Sara. *To Set One' s Heart*. Atlanta: John Knox Press, 1983.

Palmer, Parker. *To Know As We Are Known*. San Francisco: Harper & Row, 1983.

기독교교육의 기초

초 판 1쇄 인쇄 • 2009년 5월 1일
초 판 1쇄 발행 • 2009년 5월 5일
저 자 카렌 B. 타이
역 자 조 혜 정
발행인 류 근 상
발행처 크리스챤출판사
      경기도 고양시 덕양구 토당동 364번지
      현대 107-1701호

등 록 2000년 3월 15일(제 53호)
전 화 031) 978-9789, 011-9782-9789
팩 스 031) 978-9779

값 : 표지 뒷면
ISBN 978-89-89249-57-3